태팅레이스를 뜨는 오후

태팅레이스를 뜨는 오후

Tatting lace with your life

위드 **하미경** 지음

인사이트
웍스

태팅을 처음 접한 건 2011년의 어느 날이었습니다. 코바늘 도일리 프리패턴을 검색하던 중 섬세하고 우아한 자태의 레이스를 보곤 마음을 빼앗겨 시쳇말로 폭풍검색을 했더랬지요. 그 시절엔 한글로 된 자료가 전혀 없었어요. 요즘처럼 블로그 등을 통해 친절히 설명해주는 사람들도 없었고요. 영문서적과 유튜브, 구글번역기가 없었다면 지금의 저도 없었을지 모르겠습니다.

이런저런 기법들을 겨우겨우 배웠습니다. 용어를 모르니 검색조차 할 수가 없어 그냥 닥치는 대로 외국 동영상을 보았어요. 그야말로 영상만 감상해가며 원하는 것이 나올 때까지 찾아보고 또 찾아보곤 했답니다. 웬만한 것은 동영상으로 해결이 되었으나 도안 보는 방법만큼은 영상만 보고서는 알아듣기 힘들었어요. 그래서 창작 도안을 만들기 시작한 것이 오늘날 이렇게 도안집을 내게 된 계기가 되었습니다.

작년만 해도 강의를 하다보면 수강생 분들이 종종 제게 이렇게 묻곤 했습니다. 태팅레이스를 만들어서 대체 어디에 쓰느냐고. 주로 코바늘이나 대바늘로 옷이나 가방 등 실생활에 필요한 용품을 뜨다가 태팅 수업을 듣는 경우가 많기 때문에 뜨는 속도도 느린데다 노력에 비해 작게 완성되는 결과물에 좌절하는 분들도 있습니다. 그럴 때마다 전 대답합니다.

"예쁘잖아요. 아름답잖아요. 뜨고 있는 동안 마음이 즐겁잖아요. 그거면 이미 충분하지 않나요?"

쓰임이 있는 것을 만들어내는 생산적인 활동만이 중요한 것은 아닙니다. 마음에 위안이 되는 시간을 보내는 것 또한 충분히 의미가 있습니다. 저에게는 태팅레이스를 뜨는 시간이 바로 그런 시간이었습니다. 제게 그랬던 것처럼 태팅레이스가 지친 그녀들의 일상에 조금이나마 위안이 되기를 바랍니다. 이 책과 함께요.

크고 지루하고 어려운 도안들만 골라 샘플 작업을 맡겼는데도 싫은 소리 없이 제 몫을 잘해내준 동생 '뚤랭엄마'. 동생의 도움이 아니었으면 이 책이 세상에 나오는 데 아마도 다섯 달 정도는 더 걸렸을 겁니다. 콜렉터로서 수집품을 빌려주기가 쉽지 않을 텐데, 선뜻 촬영소품들을 빌려주신 '달의아이'님. 그 소품들이 아니었다면 지금처럼 예쁜 책이 나오지 못했을 거예요. 괴발개발 휘갈겨놓은 디자인노트 들여다보며 도안 검수하시느라 고생하신 '하늘이슬'님. 눈 나빠지신 건 아닌지….

벌어오는 돈도 별로 없으면서 일한답시고 밥도 안 차려준 나를 나름 잘 참아준 남편. 그리고 바쁜 엄마 때문에 방치당한, 나보다 서너 배는 빠른 시간을 살고 있는, 우리 아가들.

모든 분들에게 고맙고도 미안한 마음 전합니다.

많이 응원해주시고 기다려주신 독자님들 사랑합니다!

2015년 10월 한미경

Contents

도구와 기법
Tool & Technic

①가위 실을 자를 때 사용한다. 날이 얇은 수예용 가위가 좋다.

②레이스 코바늘 조인을 할 때, 비즈를 끼울 때 주로 사용한다. 실 굵기에 맞게 준비할 것. 끝이 얇고 뾰족해 다치기 쉬우므로 조심하자.

③실 짜임이 단단하고 표면이 매끄러운 면사를 주로 이용한다. 코바늘이나 대바늘 뜨개질을 할 때보다 훨씬 얇은 실을 사용해야 한다. 얇은 실을 사용하면 굵은 실을 사용할 때보다 훨씬 섬세하고 하늘하늘한 느낌의 태팅레이스를 완성할 수 있다. 초보자들은 굵은 실로 연습하면 편하다.

④셔틀 태팅의 기본 도구. 셔틀에 실을 감은 후 실 사이로 셔틀을 왔다갔다 움직이며 매듭을 엮어 레이스를 짠다. 뾰족한 부분은 샤크라고 부르며, 조인을 할 때 이용한다. 살짝 떨어뜨려도 잘 부러지기 때문에 조심해서 사용할 것. 날카로워서 사용하다 다칠 수 있으니 주의하자.

ds 더블스티치 double stitch

태팅레이스의 기본 코. 첫 땀과 둘째 땀이 모여 하나의 더블스티치가 되고 더블스티치는 앞과 뒤의 모양이 다르다. 만들 때 보고 있는 면이 앞(겉)이고 반대쪽이 뒤(안)가 된다. 특별한 경우를 제외한 대부분의 경우에는 머리가 위쪽으로 향해 'ㅠ'자 모양이 나오도록 만들어준다.

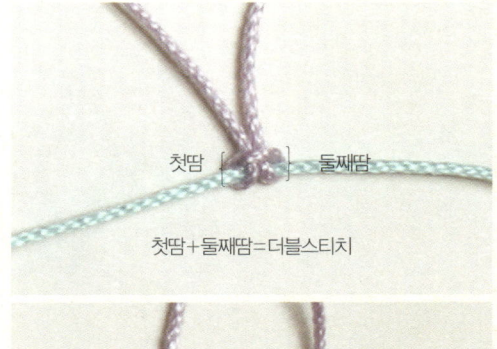

첫땀   둘째땀

첫땀＋둘째땀＝더블스티치

1 2 3 4 5

더블스티치의 앞면

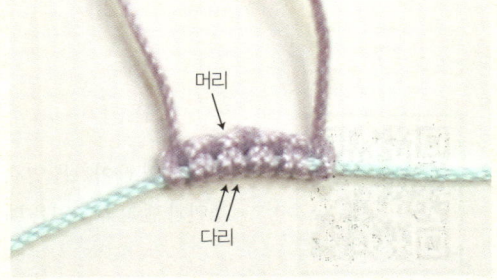

머리

다리

더블스티치의 뒷면

R 링 ring

더블스티치를 둥근 원 형태로 뜬 것.
셔틀 하나로 뜬다.

ch 체인 chain

더블스티치를 곡선 형태로 뜬 것.
실 두 가닥으로 뜬다(셔틀1＋볼실／셔틀2개).

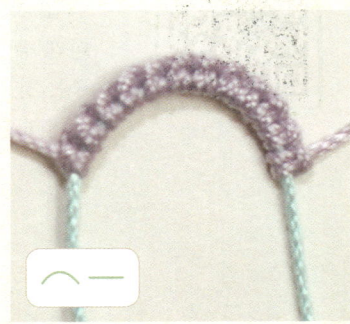

11

p – 피코 picot

더블스티치 사이에 실을 고리 모양으로 남긴 것. 장식용으로, 또는 조인할 때 쓰인다.

j + 조인 join

링과 링, 혹은 링과 체인, 체인과 체인을 연결해주는 것. 보통은 피코에 조인하지만 피코가 없는 곳에 조인할 때도 있다.

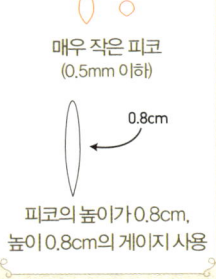

매우 작은 피코
(0.5mm 이하)

0.8cm

피코의 높이가 0.8cm,
높이 0.8cm의 게이지 사용

lj 락조인 lock join

작업 중인 레이스를 연결해주는 또 다른 방법.
조인과 달리 락조인은 매듭을 묶어 위치를 고정한다.

rw 리버스 워크 reverse work

작업 중인 레이스를 위 아래 방향으로 뒤집어주는 것. 더블스티치 방향이 바뀔 때 뒤집는다.

리버스워크 전   리버스워크 후

폴디드 조인 folded join

작업 중인 레이스를 접어서 조인하는 방법.
조인해야 할 부분이 심지실을 기준으로 오른쪽에 있을 때 사용한
다. 락조인과 구분해서 사용한다.

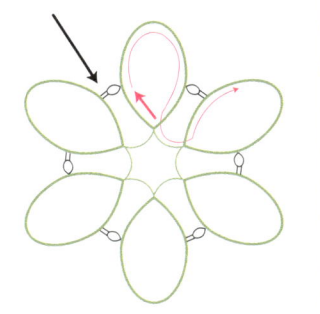

스퀘어 너트 square knot

실 두 가닥을 이어줄 때 묶는 방법.
매듭이 작게 묶인다.

실 남기기

더블스티치를 뜨지 않고 실을 그대
로 남겨둔다. 더 하늘하늘하고 섬세
한 분위기를 낼 수 있다.

1Rnd 1round 단 구분	**green violet** 라운드 구분	Ring 6-6-6-6 6ds, 피코, 6ds, 피코, 6ds, 피코, 6ds의 링
← 시작지점	**123** → 만드는 순서	Ring 6+6-6-6 6ds, 조인, 6ds, 피코, 6ds, 피코, 6ds의 링

SCMR SCMR self closing mock ring

체인을 링처럼 보이도록 둥글게 말아주는 기법.
링 위에 링을 올릴 때 주로 사용한다.

sr 스플릿 링 splite ring

링을 한번에 뜨지 않고 반쪽씩 나눠
뜨는 방법. 링의 시작지점과 끝나는
지점이 다르다.

조세핀 체인 Josephine chain

나선 형태로 꼬아서 뜬 체인.
첫 땀이나 둘째 땀 중 한 가지만 반복
해서 뜬다.

조세핀 넛

비즈태팅 beads tatting

비즈를 끼워 장식하는 방법.
시드비즈나 원석, 진주 등을 사용한다.

목피코 mock picot

가짜 피코. 매듭을 묶어 피코처럼 보이도록 만든 것

더블피코 double picot

2겹으로 만든 장식용 피코

멀티플 피코 multiple pico

여러 겹의 장식용 피코

데이지 피코 daisy picot

더블스티치를 떠서 만든 피코

클루니 리프 cluny leaf

나뭇잎 모양으로 엮는 기법

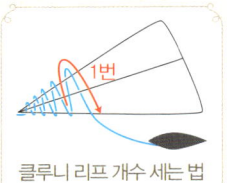

클루니 리프 개수 세는 법
(10 표기시 왕복 20번 떠준다)

블럭 태팅 block tatting

체인을 벽돌 모양으로 쌓아올리는 기법

6ds 5층의 블럭

딤플드 링 dimpled ring

하트 모양의 링

양파링 onion ring

링과 체인을 겹겹이 둘러 자른 양파의 단면처럼 만든 것

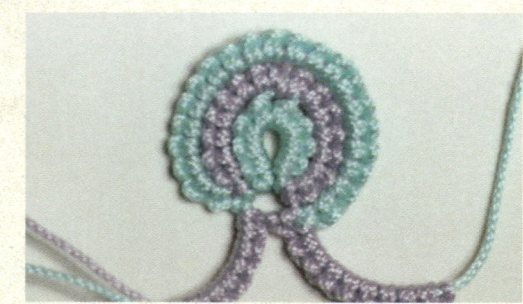

슬로프 앤드 롤 조인 slope and roll join

락조인 위치에 체인 실을 걸어서 하는 조인 방법. 락조인처럼 위치가 고정되지 않고 심지실이 비쳐 보이지도 않는다.

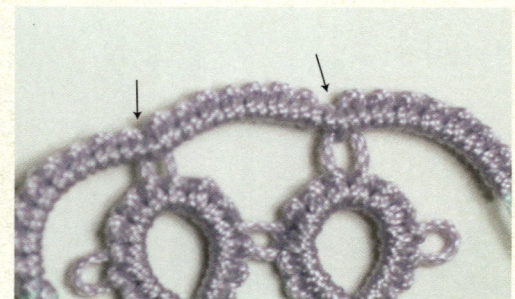

슈레이스 트릭 shoelace trick

실을 한 번 묶어서 체인실과 심지실의 위치를 바꿔
주는 방법

코바늘 조인하기

샤크로 조인할 수 없는 작은 피코에
코바늘로 조인하는 방법

실 끝 정리하기

실을 묶어서 시작할 때 꼬투리 실을
감추는 방법

실 잇기

실이 모자를 때 이어주는 방법

매우 작은 링 만들기

아주 작은 링을 쉽게 만드는 방법

스플릿 링 조인

스플릿 링 만들 때 트랜스퍼하지 않
는 부분에서 조인하는 방법

양파링 조인하기

양파링을 깔끔하게 조인하는 방법

이 책을 보는 법
Structure

로잘린
Rozallin

★ ☆ ☆

사용한 실과 색깔, 모티
브나 작품의 직경을 알려
줘요. 피마룩스35's의 경
우 색깔이 적어서 찾기
쉽기 때문에 일부 작품만
색깔을 소개했어요. 작품
의 직경은 별도의 표기가
없는 경우 모티브 1개의
직경을 의미해요.

Ready

사용 실 리즈베스 40수
실 색깔 보라모티브 646, 642, 111 / 분홍노랑모티브 646, 639, 619, 642, 127
크기 11cm
재료 1, 2, 4라운드 셔틀 2개 / 3라운드 셔틀 1개 + 볼실 1개

How to make

1 피코 길이에 주의하며 만든다.
2 2라운드의 15ds 체인은 슈 레이스 트릭으로 만든다.
  시작하기 전에 슈 레이스 트릭으로 묶어주고 15ds를 다 뜬 후 다시 한번 묶어준다.
  🔲 슈 레이스 트릭으로 묶는 법은 QR코드를 참조하세요

44

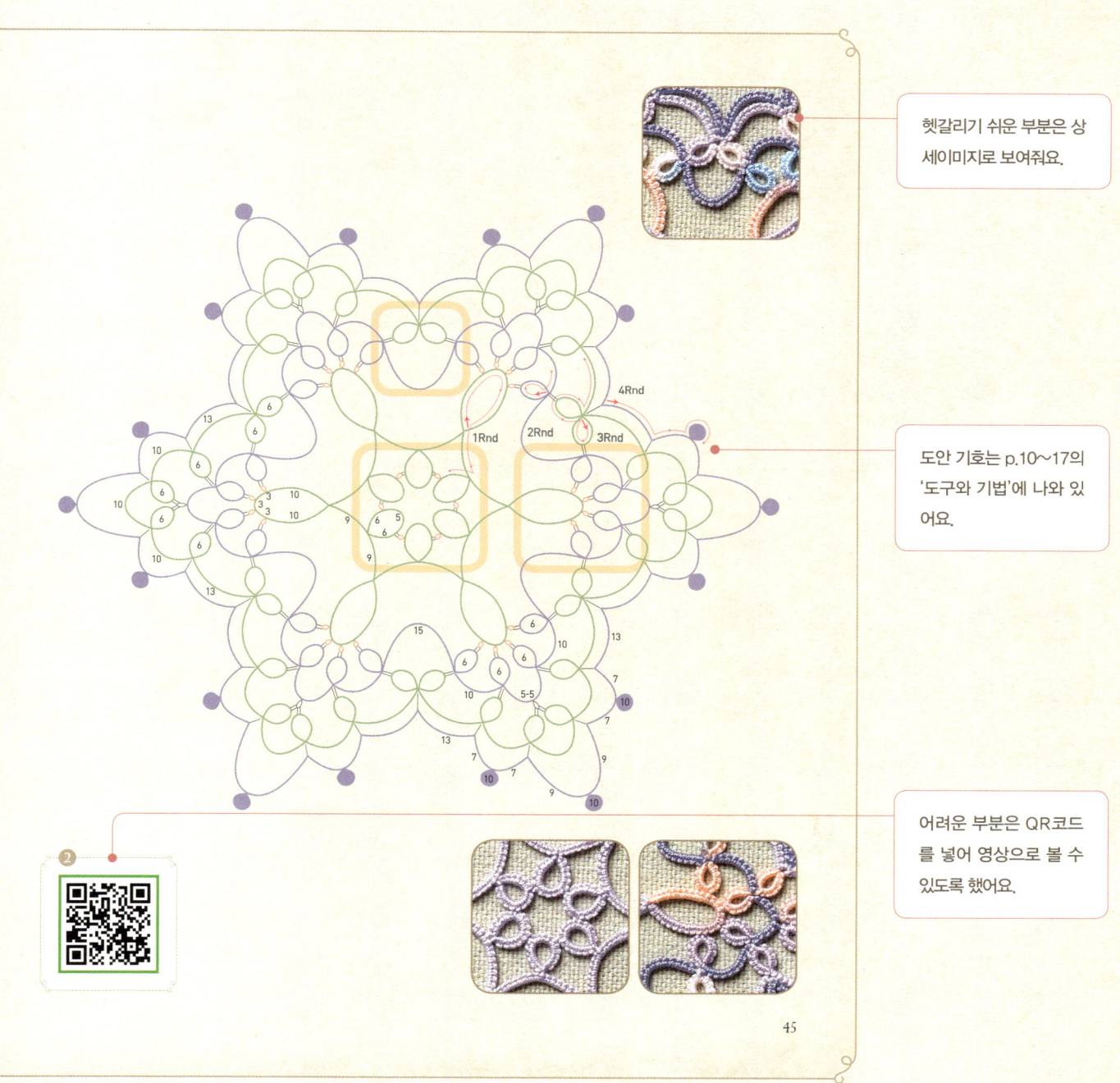

헷갈리기 쉬운 부분은 상
세이미지로 보여줘요.

도안 기호는 p.10~17의
'도구와 기법'에 나와 있
어요.

어려운 부분은 QR코드
를 넣어 영상으로 볼 수
있도록 했어요.

45

나비효과
Butterfly Effect

예쁜 꽃에 모여든 귀여운 나비들.
작은 나비의 날갯짓이 지구 반대편에 거센 바람을 일으키듯
이 나비들로 인해 여러분이 태팅레이스의 매력에 빠져들기를 기도해봅니다.

How to make ›› p.26

레이디스 로망스
Ladies Romance

How to make ›› p. 30

가녀린 듯 화사한 어린 숙녀의 이미지를 표현해보았어요.
은은한 색감의 실을 사용하면 고운 느낌이 한결 살아나는 도안입니다.
도안을 이어 만든 스카프는 벚꽃 향기 가득한 봄날, 목에 두르고 나가보는 게 어떨까요?

아멜리

Ameli

발랄한 아가씨를 생각하며 만들어보았어요.
톤이 비슷한 색상의 실을 여러 개 골라 이으면 예뻐요.
고운 파스텔 컬러가 화사하면서도 수줍은 느낌을 줍니다.

How to make ›› p. 32

 나비효과
Butterfly Effect

Ready

사용 실 리즈베스 40수

실 색깔 A모티브 610 619 / B모티브 619 629 646 689 612 617 183 / C모티브 619 617 / 나비 183

크기 A B 꽃 3.2cm / C 꽃 3.5cm / B 나비 3×2.5cm / D 나비 2.4×1.7cm / E 나비 2.9×1.8cm

재료 꽃 셔틀 1개 + 볼실 1개 + 나비 셔틀 1개

How to make

1 피코 길이에 유의해서 만든다.

2 큰 날개가 두 장인 나비는 셔틀 하나를 이용해 링을 연속으로 두번 포개어 떠준다.
   링과 체인으로 만들어도 무방하다.

   🔵 이중 링 뜨는 방법은 QR코드를 참조하세요

A

시작

9
1 1 1 8 3
3
9
12
12

B

시작

7
13 5
11 7 4
6 4
10
11
11
10 7

27

시작

레이디스 로망스
Ladies Romance

Ready

사용 실 피마룩스35's 27 베이비핑크, 리즈베스 40수 186 pastel petals
크기 피마룩스35's 12cm / 리즈베스 8cm
재료 모든 라운드 셔틀 1개

How to make

1 셔틀 하나로 1라운드를 먼저 떠준다. 실 남기는 길이는 게이지를 이용해 균일하게 남긴다. 피코는 너무 길어지지 않도록 주의한다.

2 2라운드는 큰 링부터 시작한다. 1라운드의 남겨둔 실 중간에 조인해서 첫 링을 완성한다. 작은 링들의 피코 길이를 균일하게 남겨야 예쁘게 완성된다. 피마룩스는 6mm, 리즈베스 3mm 크기로 피코를 만든다.

3 피마룩스의 경우 크로바큰 셔틀에 가득 감으면 1과 2라운드를 셔틀 하나로 다 뜰 수 있다.

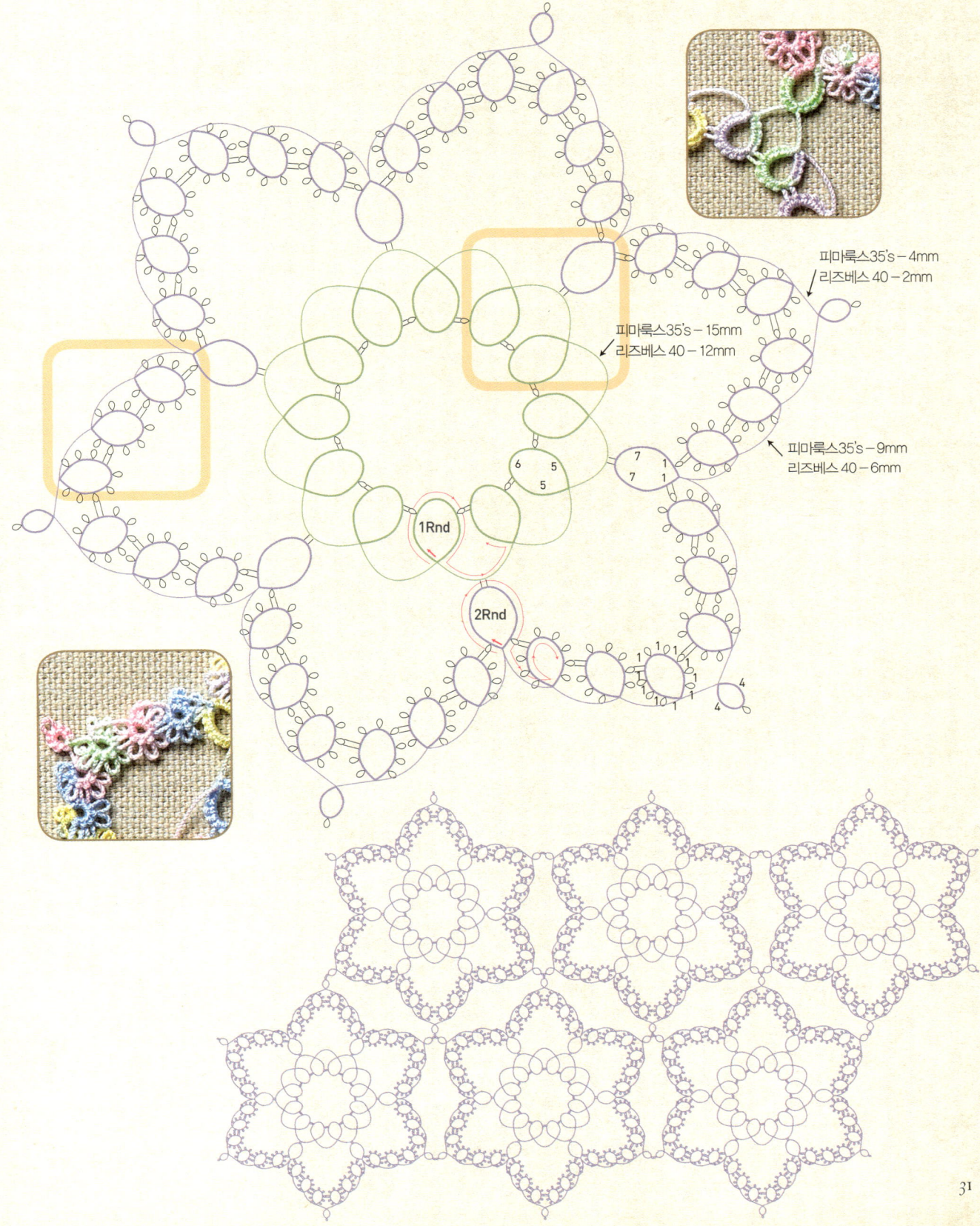

피마룩스35's − 4mm
리즈베스 40 − 2mm

피마룩스35's − 15mm
리즈베스 40 − 12mm

피마룩스35's − 9mm
리즈베스 40 − 6mm

1Rnd

2Rnd

 아멜리
Ameli

Ready

사용 실 리즈베스 40수
실 색깔 1라운드 622 610 / 2라운드 615 646 / 3라운드 619 174 / 4라운드 619 646 / 5라운드 619 646 /
　　　　6라운드 619 176 / 7라운드 619 646
크기 10.5cm
재료 모든 라운드 셔틀 1개 + 볼실 1개

How to make

1　피코 길이에 유의해서 만든다. 조인에 쓰이는 모든 피코를 매우 작게 만들어준다.
2　1라운드의 더블체인은 슬로프 앤드 롤 조인을 이용하면 깔끔하게 만들 수 있다. 슬로프 앤드
　롤 조인을 하기 위한 피코는 체인 두 겹의 높이보다 0.5mm 정도 길게 만든다.
　　tip 슬로프 앤드 롤 조인을 이용하는 법은 QR코드를 참조하세요

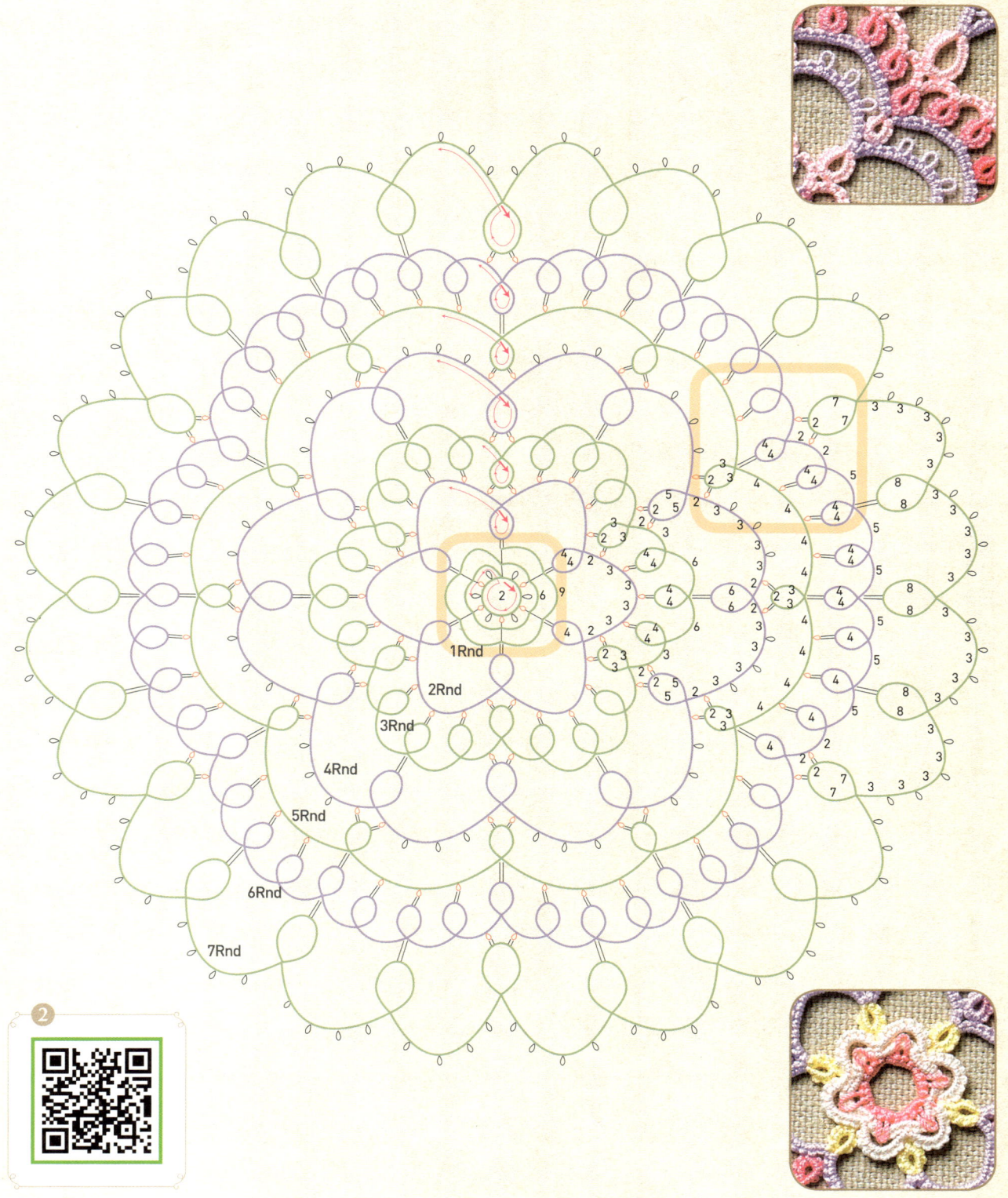

1Rnd
2Rnd
3Rnd
4Rnd
5Rnd
6Rnd
7Rnd

공중정원
Hanging Garden

하늘 높이 떠 있는 공중정원.
구름이 내려앉아 있는 화원을 상상해보았어요.
몽글몽글 구름이 피어나는 듯한 도일리입니다.

How to make ›› p.42

로잘린
Rozallin

갓 피어난 꽃 같은 아가씨를 생각하며 만들어봤어요.
그리고 그 아가씨의 이름을 '로잘린'이라고 지었답니다.
보기만 해도 제 기분이 좋아지는 느낌이에요.

How to make >> p.44

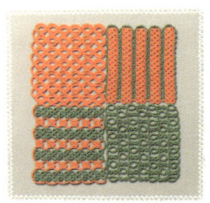

How to make ›› p.46

레트로 스트라이프
Retro Stripe

지금보다 어렸을 때는 잘 몰랐는데,
이제 제게서도 세월의 향기가 나기 시작하니
레트로, 빈티지, 엔틱 소품들이 참 좋아집니다.
새 것에서는 절대 느낄 수 없는 그 무엇이 있거든요.

'레트로 스트라이프'를 한 줄만 떠서 액세서리를 만들어 보세요.
비즈를 달고 끝 부분에 고리를 끼우면 예쁜 팔찌가 됩니다.

 공중정원
Hanging Garden

 ★ ☆ ☆

Ready

사용 실 피마룩스35's, 리즈베스 40수 610(비즈 끼워진 크림색 작품이 리즈베스, 그 외 나머지는 피마룩스35's)

크기 피마룩스35's 26cm / 리즈베스 20.5cm

재료 모든 라운드 셔틀 1개 + 볼실 1개

How to make

1 모든 피코는 동일한 길이로 만들어준다 (리즈베스 40수 2mm, 피마룩스 3mm).

로잘린
Rozallin

Ready

사용 실 리즈베스 40수

실 색깔 보라모티브 646, 642, 111 / 분홍노랑모티브 646, 639, 619, 642, 127

크기 11cm

재료 1, 2, 4라운드 셔틀 2개 / 3라운드 셔틀 1개 + 볼실 1개

How to make

1 피코 길이에 주의하며 만든다.

2 2라운드의 15ds 체인은 슈 레이스 트릭으로 만든다.

　시작하기 전에 슈 레이스 트릭으로 묶어주고 15ds를 다 뜬 후 다시 한번 묶어준다.

　tip 슈 레이스 트릭으로 묶는 법은 QR코드를 참조하세요

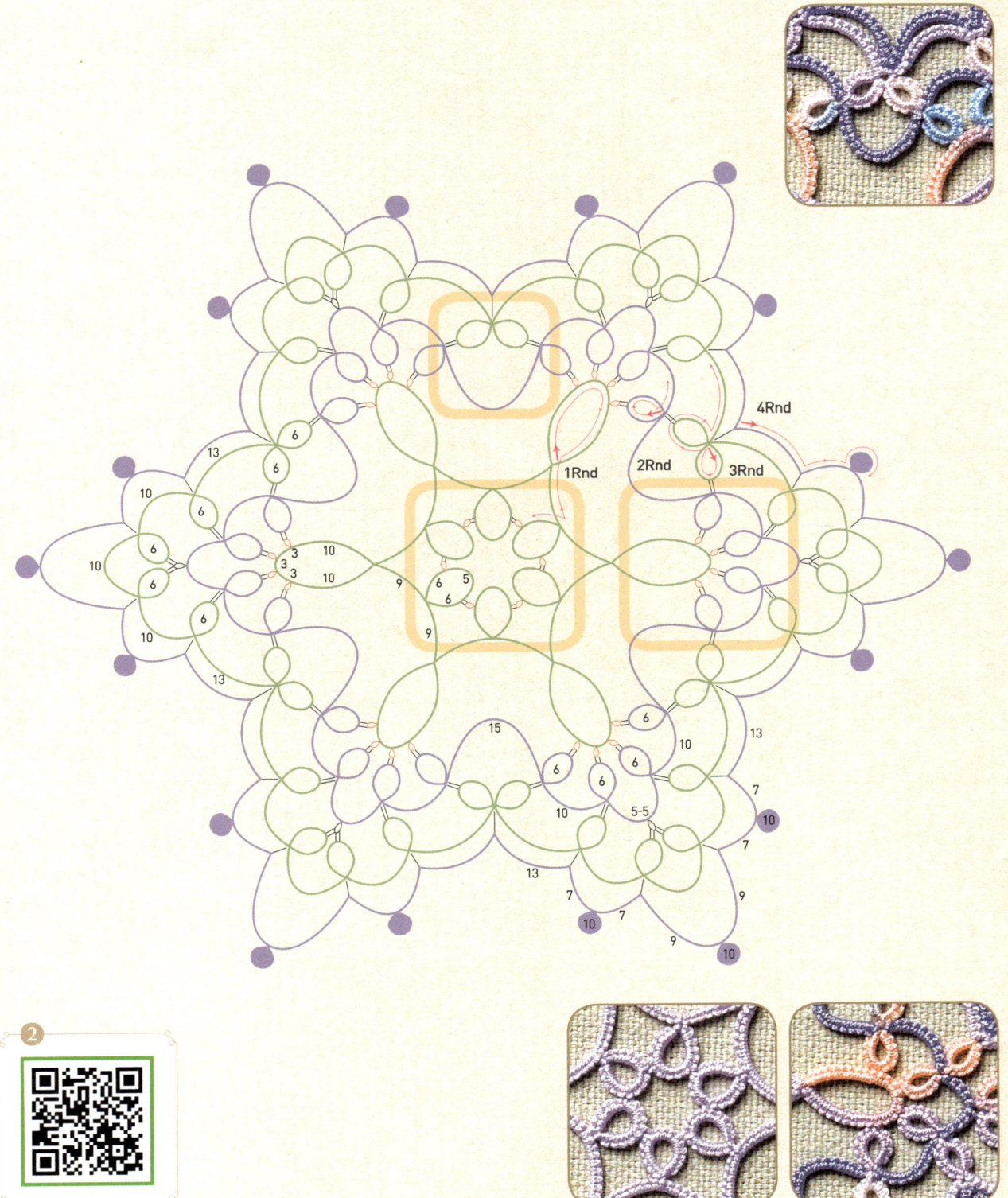

1Rnd
2Rnd
3Rnd
4Rnd

13
6
6
10
6
10
3
3
3
10
10
9
6 5
6
9
6
6
10
13
15
6
10
13
7
5-5
10
7
10
7
9
7
10
9
10

레트로 스트라이프
Retro Stripe

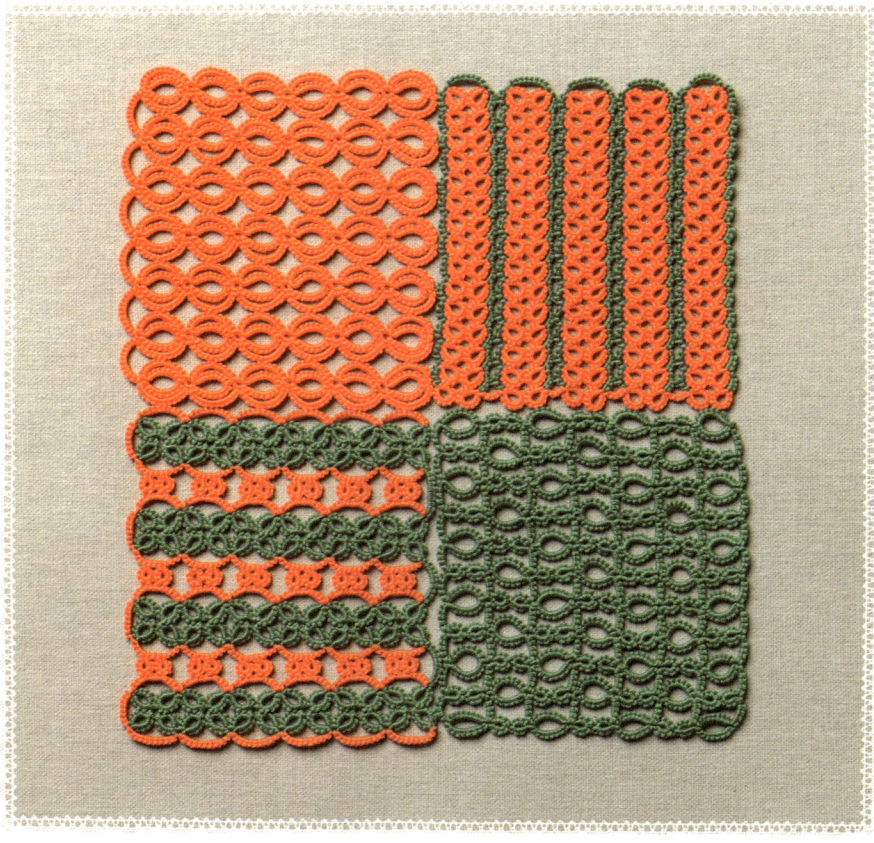

Ready

사용 실 티매트 피마룩스35's, 팔찌 리즈베스 40수

실 색깔 피마룩스35's-07 오렌지, 15 라이트 그린 / C팔찌-670, 695, 105, 120 / D팔찌-671, 699

크기 10×10cm 내외

재료 모든 라운드 셔틀 2개

How to make

1 피코 길이와 리버스 워크에 유의해서 만든다.

2 가로와 세로의 길이는 원하는 만큼 떠준다.

3 모티브 한 줄만 길게 늘여서 뜨면 브레이드, 엣징, 팔찌, 헤어밴드 등으로 활용할 수 있다.

　🟢 비즈 끼우는 방법은 QR코드를 참조하세요

A

B

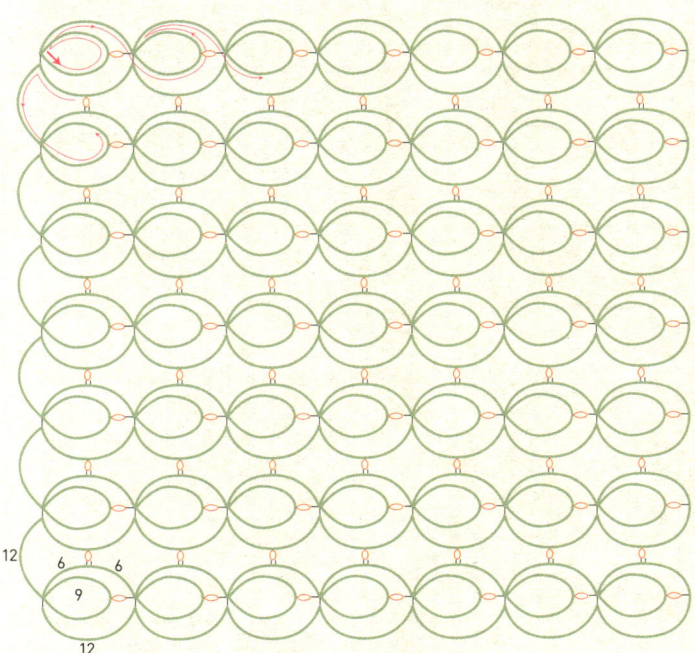

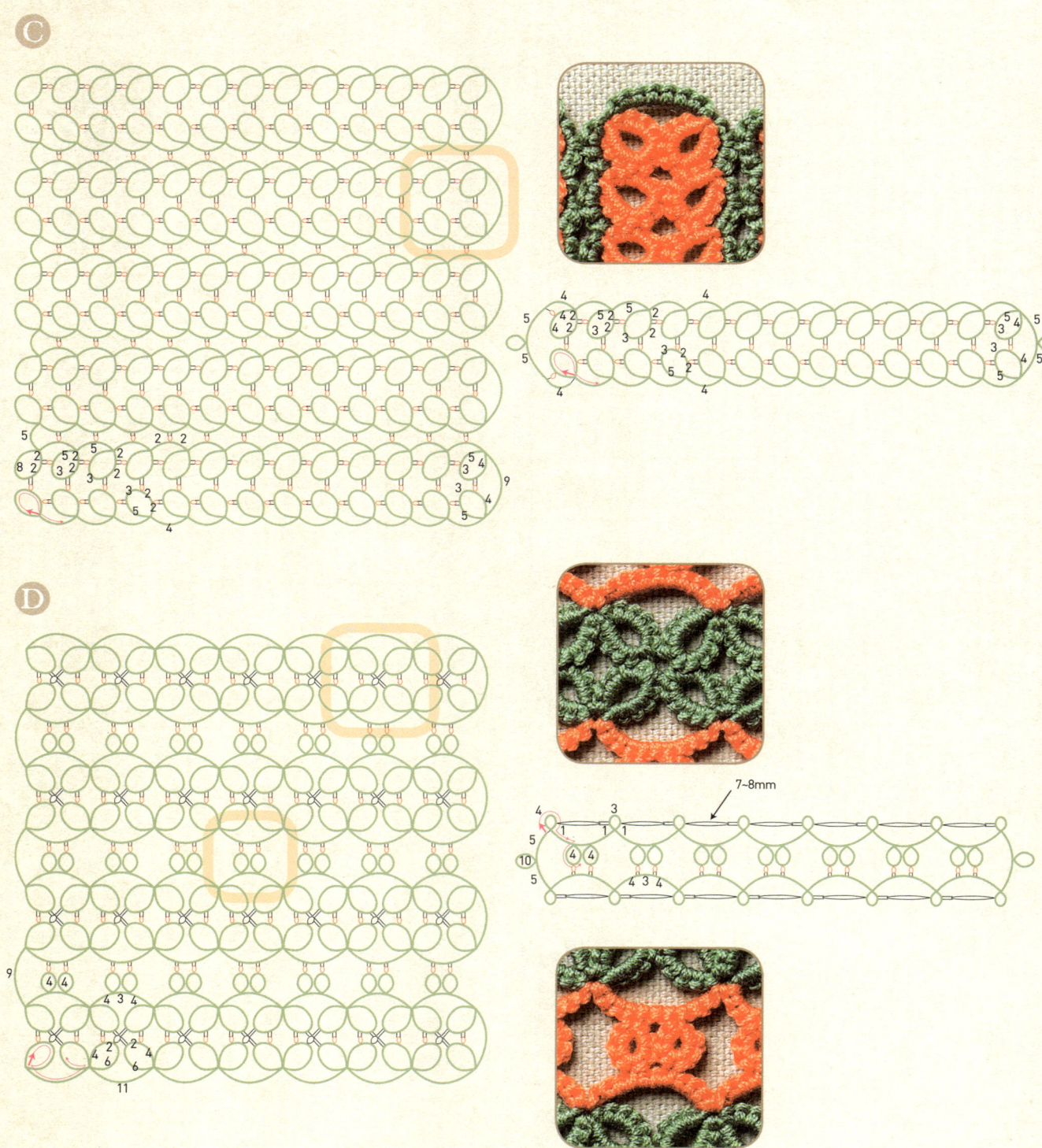

C

D

7~8mm

49

일락

One of the pleasures

내 하나의 즐거움.

따스한 햇살 아래 홍차 한 잔과 태팅.

평온한 그 시간이 내게는 행복입니다.

How to make ›› p.56

How to make ›› p.60

오렌지봉봉
Orange Bongbong

오렌지 알맹이가 톡톡 터질 것 같은 모양의 모티브.
싱그러운 오렌지 알들을 알알이 담아봤어요.
링을 둥글게 둥글게 잘 잡아줘야 탱글탱글한 느낌이 더욱 살아난답니다.

파인애플 파티
Pineapple Party

강렬한 노랑과 파인애플 무늬가
하와이의 해변가를 떠올리게 해요.
경쾌한 느낌의 무늬라 강렬한 색깔의 실과 어울린답니다.
테이블 위에 깔아도 멋스러운 작품이지요.

How to make ›› p.62

55

 일락
One of the pleasures

Ready

사용 실 피마룩스35's
실 색깔 02 아이보리, 04 라이트 카키, 15 라이트 그린, 25 라이트 바이올렛, 26 체리핑크
크기 대일락(전체) 9.7cm / 소일락 6.6cm
재료 대일락 모든 라운드 셔틀 1개 + 볼실 1개 / 소일락 셔틀 2개

How to make

1 피코 길이에 유의하며 만든다. 소일락은 12-12링을 만들 때 1mm정도 실을 남기고 만들어
   야 도일리가 울지 않는다.

   🔍 더블체인 울지 않게 만드는 법은 QR코드를 참조하세요.

2 블로킹할 때 체인의 곡선이 매끄럽게 나올 수 있도록 모양을 잘 잡아준다.

【대일락】

9
2
8
8
10
8
8
8
2
6
7
2
2
7
6
6
8
6
8
9
10
2
12
2
14
2
2
16
10
12
6

【소일락】

1mm
9mm
7
2
2
7
6
6
8
6
8
6
12

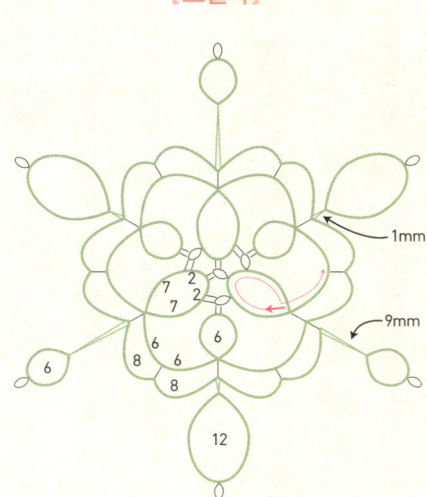

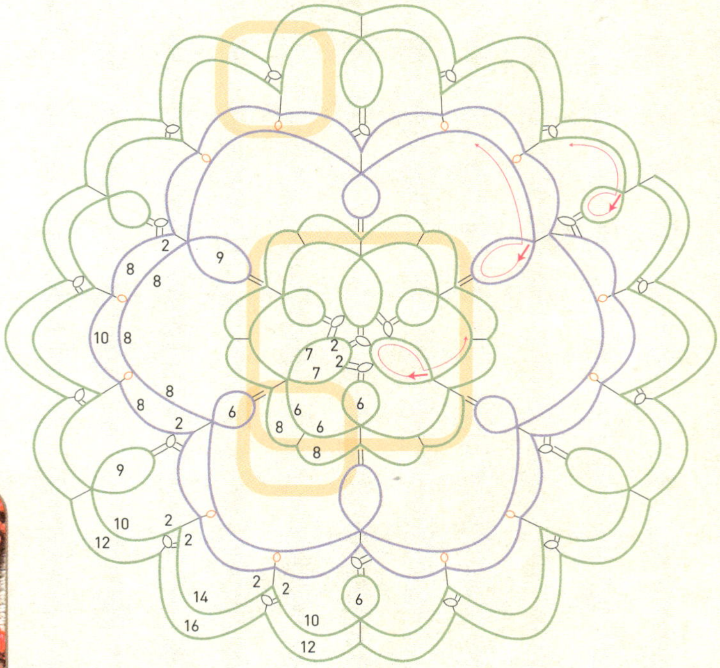

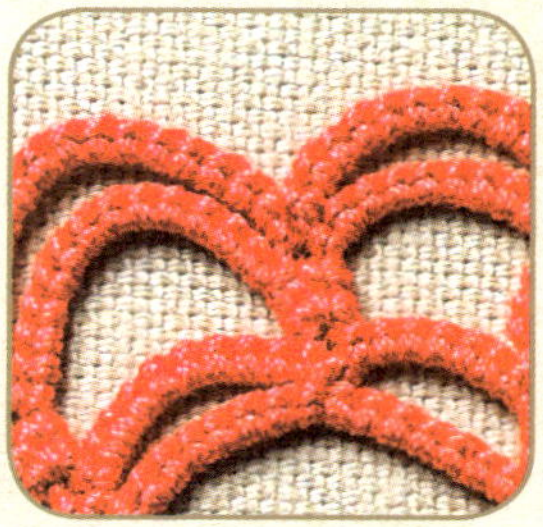

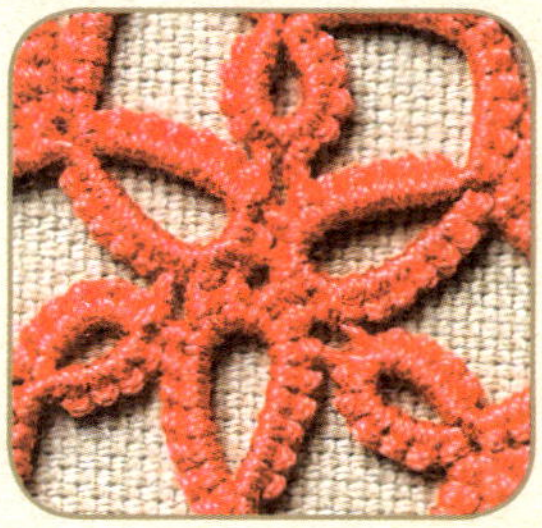

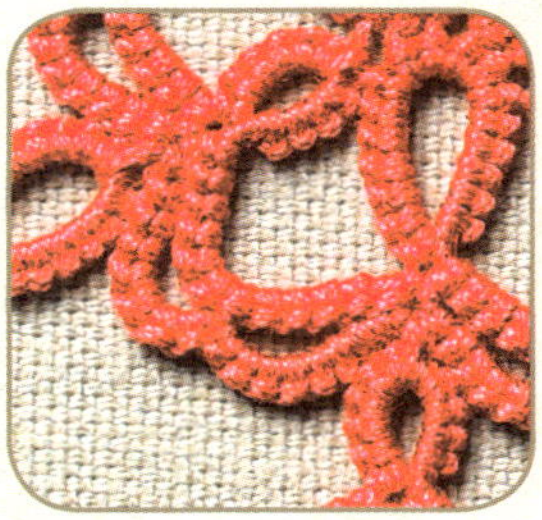

오렌지봉봉
Orange Bongbong

Ready

사용 실 리즈베스 40수

실 색깔 피치 630 / 노랑귤색 615 695 / 큰 도일리 183 669 695 702

크기 7.2×7.2cm

재료 셔틀 2개

How to make

1 one round 도안이다. 진행 방향 화살표를 잘 보고 따라 만든다. 네 개의 반복되는 모티브를 모두 만든 후 마지막에 16ds 체인을 둘러준다.

🔵 16ds체인 락조인 하는 방법은 QR코드를 참조하세요

2 피코 크기에 유의하며 만든다.

3 바깥 쪽의 실은 모두 5mm, 안쪽은 모두 4mm씩 남긴다.

4 모티브끼리 이어줄 때 4-7-5-6의 피코도 조인해준다

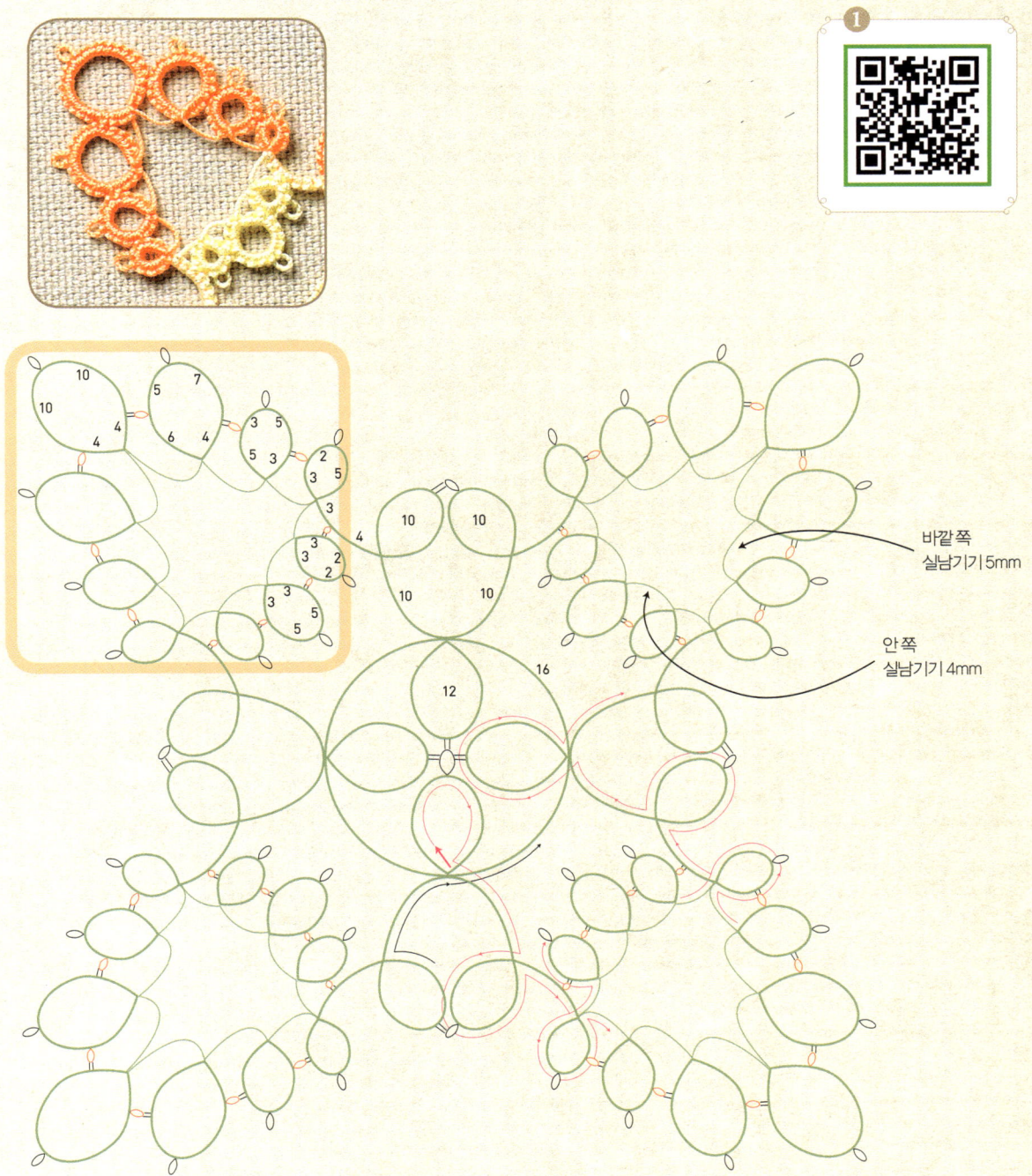

바깥쪽
실남기기 5mm

안쪽
실남기기 4mm

 # 파인애플 파티
Pineapple Party

Ready

사용 실 피마룩스35's 06 딥옐로우

크기 45cm

재료 1~16라운드 셔틀 2개 / 17~18 라운드 볼실 1개 + 셔틀 1개

How to make

1 셔틀 두 개의 실을 이어 1라운드 링부터 시작한다. 피코 길이와 리버스워크에 유의하며 만든다.

2 큰 파인애플 부분의 피코 길이는 피마룩스일 경우 6~7mm, 리즈베스 20수일 경우 5~6mm 로 만든다.

3 큰 파인애플에서 피코 만드는 방법은 다음과 같다. 체인을 만들고 락조인을 한 뒤, 바로 붙여 서 ds를 만들지 말고 거리를 주어 뜬다(락조인 후 피코를 넣어준다). 예를 들어 7라운드일 경우, 11ds 체인을 만든 뒤 아랫단에 락조인을 하고 거리를 주어 더블스티치 한개를 뜨면 된다. 다시 아랫단에 락조인을 한 뒤 거리를 주어 1ds, 도안에 적힌만큼 반복한다.

4 외곽의 1ds마다 만들어주는 피코는 가능한 길게, 한 라운드의 높이만큼 만든다.

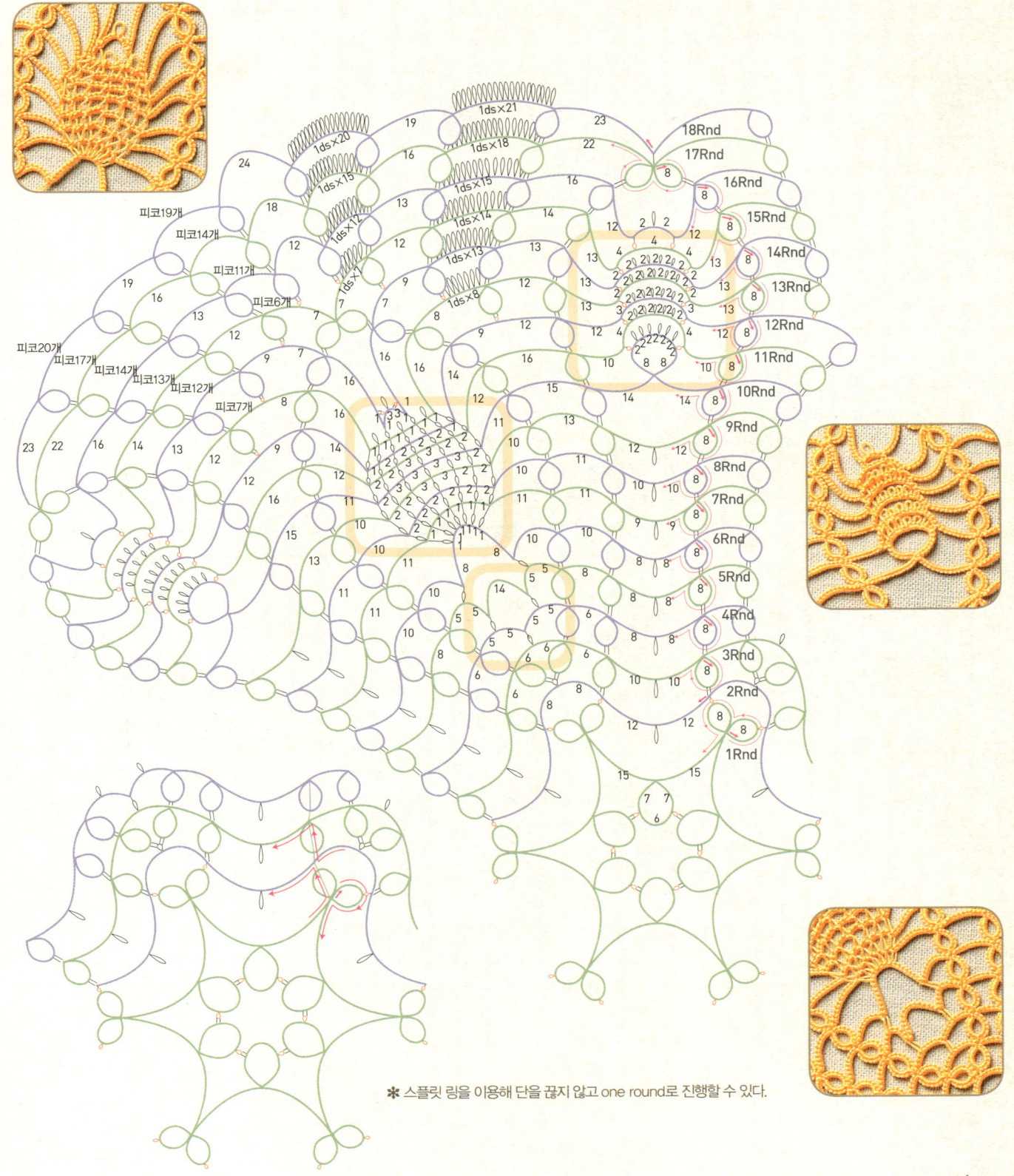

✻ 스플릿 링을 이용해 단을 끊지 않고 one round로 진행할 수 있다.

롤리팝
Lollipop

선명한 컬러로 달콤한 느낌을 주는 게 포인트!
끝없는 체인을 만들다보면 달달한 왕사탕이 완성됩니다.
이 작품을 만들고 나면 체인의 마스터가 될 수 있을 거예요.

How to make ›› p.70

이매옹주

Imae Princess

왕족의 성 이(李), 매화의 매(梅)입니다.
군자의 꽃 매화. 허나 화중지왕(모란)은 따로 있었으니..
하여 공주가 되지 못한 이매옹주의 슬픔을 아름답게 표현해주세요.
날 선 블로킹으로 옹주님의 기개와 아름다움을 한껏 살려야 합니다.

How to make ›› p.74

접시꽃
Rose Mallow

내 그대를 생각함은 항상 그대가 앉아 있는 배경에서 해가 지고 바람이 부는 일처럼
사소한 일일 것이나 언젠가 그대가 한없이 괴로움속을 헤매일 때에
오랫동안 전해오던 그 사소함으로 그대를 불러 보리라. ─ 황동규 〈즐거운 편지〉

길가에 배경처럼 피어 있는 접시꽃.
그러나 오롯이 눈에 담아보면 그 누구에게도 뒤지지 않는 화려함을 간직한 꽃.

How to make » p.76

롤리팝
Lollipop

⟨ Ready ⟩

사용 실 리즈베스 40수 132, 170   **크기** 21cm   **재료** 모든 라운드 셔틀 2개

⟨ How to make ⟩

1 1라운드의 데이지 피코는 8-8 체인이 늘어지지 않도록 바짝 조여가며 데이지 피코를 만들어 준다. 링을 잡아서 먼저 1ds를 뜬 후 8-8 데이지 피코를 만들고 다시 2ds 링을 뜬다. 반복해서 데이지 피코를 8개 만든 후 마지막에 1ds를 떠 링을 닫는다.

   🟢 데이지 피코 링 만드는 법은 QR코드를 참조하세요

2 2라운드부터의 더블체인은 아래의 체인과 길이를 맞춰가며 떠준다. 바닥에 놓았을 때 평평하게 나올 수 있도록 체인을 밀어서 조이거나 당겨 늘려서 길이를 조절해준다. ds수는 되도록 변경하지 않는다. 체인을 뜨고 락조인을 한 후 다음 체인을 뜰 때 피코를 약간 만들어주면(길이 1mm 이하) 울지 않고 예쁘게 완성된다.

   🟢 더블체인 예쁘게 만드는 법은 QR코드를 참조하세요

3 조세핀 넛은 외곽으로 갈수록 커지도록 만든다. ds수는 동일하게 한다. ds수를 늘리면 가운데 구멍이 뚫려 보기에 좋지 않다.

💡 조세핀 넛 크기를 다르게 만드는 법은 QR코드를 참조하세요

4 더블체인 부분은 볼실과 셔틀로 진행하다가 마지막 플로팅 링이 있는 부분에서 셔틀 2개로 작업하면 편하다.

Daisy Picot

4 8
4 8
2
1Rnd
2Rnd

12
13
14
15
16
18
20
22
24
26
28
29
30
31
33
35

12
5
4
4 10
5
7
8
5 5
4 4 5
5
3Rnd

7
7
2
10
12
23
24
25
27
4Rnd

4
6
6
10
7 5
4
4 5
7
14
14
14
15
15
16
16
17
17
18
18
18

71

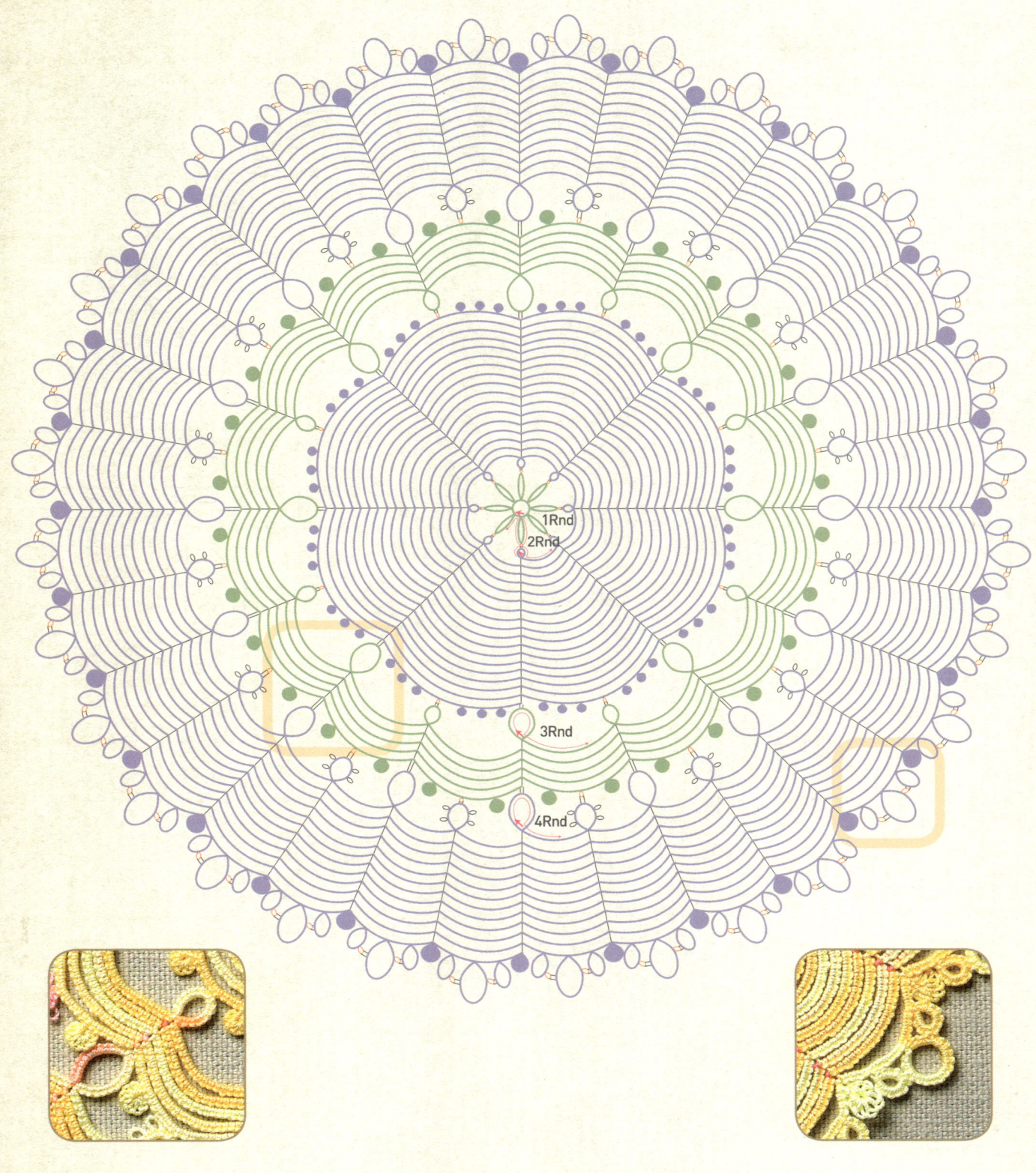

1Rnd
2Rnd
3Rnd
4Rnd

이매옹주
Imae Princess

Ready

사용 실 사쥬 깔레레이스 80수

크기 11.5cm

재료 1 & 2 라운드 셔틀 2개 / 3라운드 셔틀 1개 + 볼실 1개

How to make

1 피코 길이에 주의해서 작업한다. 피코와 실 남기기는 게이지를 이용해 만들어준다.

2 2ds마다 만들어주는 피코는 2~3mm 크기로 균일하게 만든다.

3 블로킹할 때 1라운드의 더블피코는 곡선으로 예쁘게 모양을 잡아준다.

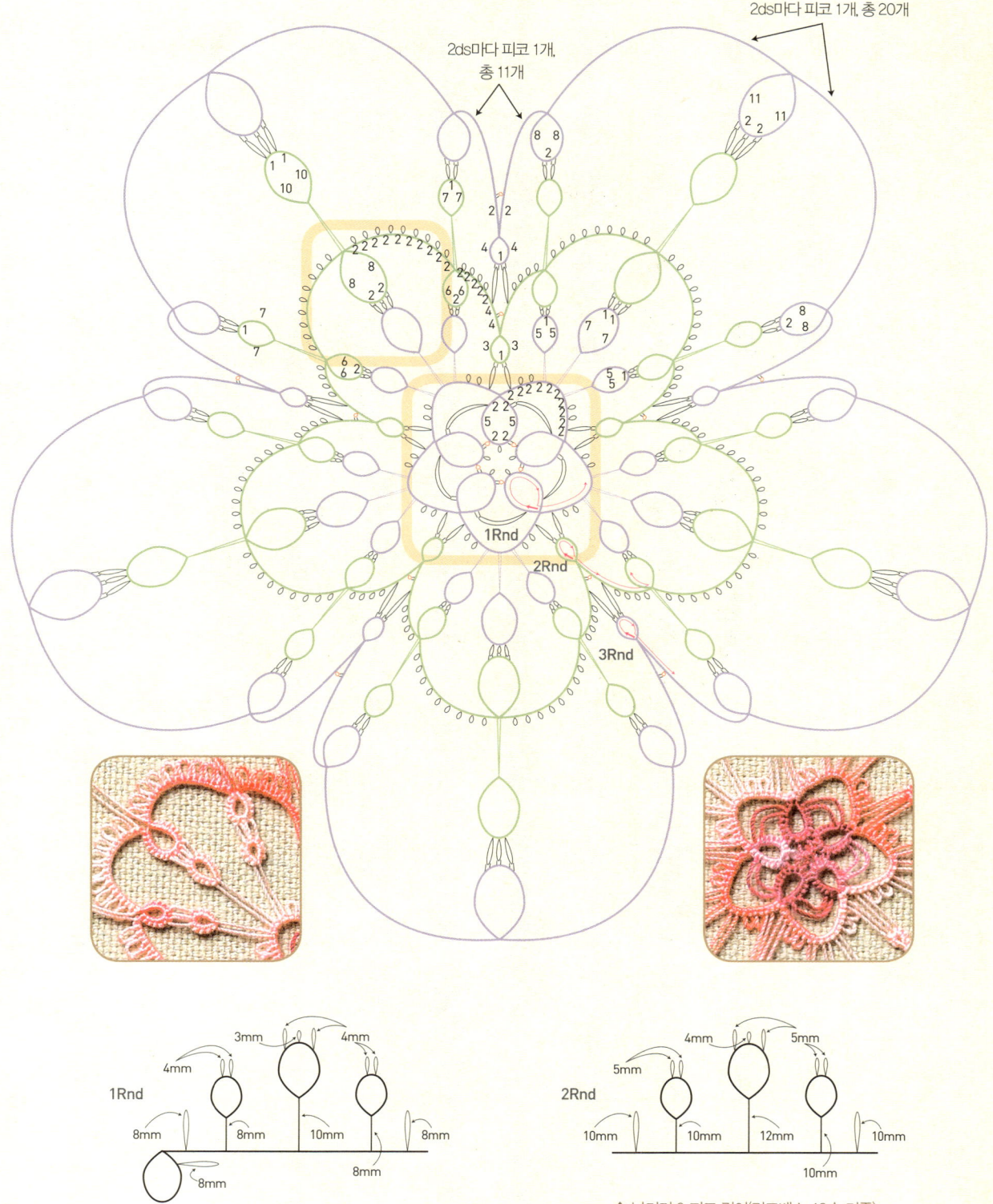

2ds마다 피코 1개,
총 11개

2ds마다 피코 1개, 총 20개

1Rnd

2Rnd

3Rnd

1Rnd

4mm
3mm
4mm
8mm
8mm
10mm
8mm
8mm
8mm

2Rnd

5mm
4mm
5mm
10mm
10mm
12mm
10mm
10mm

✽ 남기기 & 피코 길이(리즈베스 40수 기준)

 **접시꽃**
Rose Mallow

Ready

사용 실 리즈베스 40수
실 색깔 131 644 701
크기 14cm
재료 1 3 4 5라운드 셔틀 2개 / 2라운드 셔틀 1개 + 볼실 1개

How to make

1 1라운드는 SCMR로 더블스티치 1개를 뜬 후 플로팅 링을 만들어주고, 2ds 후 조세핀 넛을 뜬
    다. 2ds후 도안대로 반복해주고 마지막에 1ds를 떠 SCMR을 닫고 매듭지어 마무리한다.
    🔵 SCMR 방법은 QR코드를 참조하세요

2 스플릿 링과 목피코를 이용해 1, 2라운드를 끊지 않고 이어서 만들어도 좋다.
    🔵 더블피코 뜨는 법은 QR코드를 참조하세요

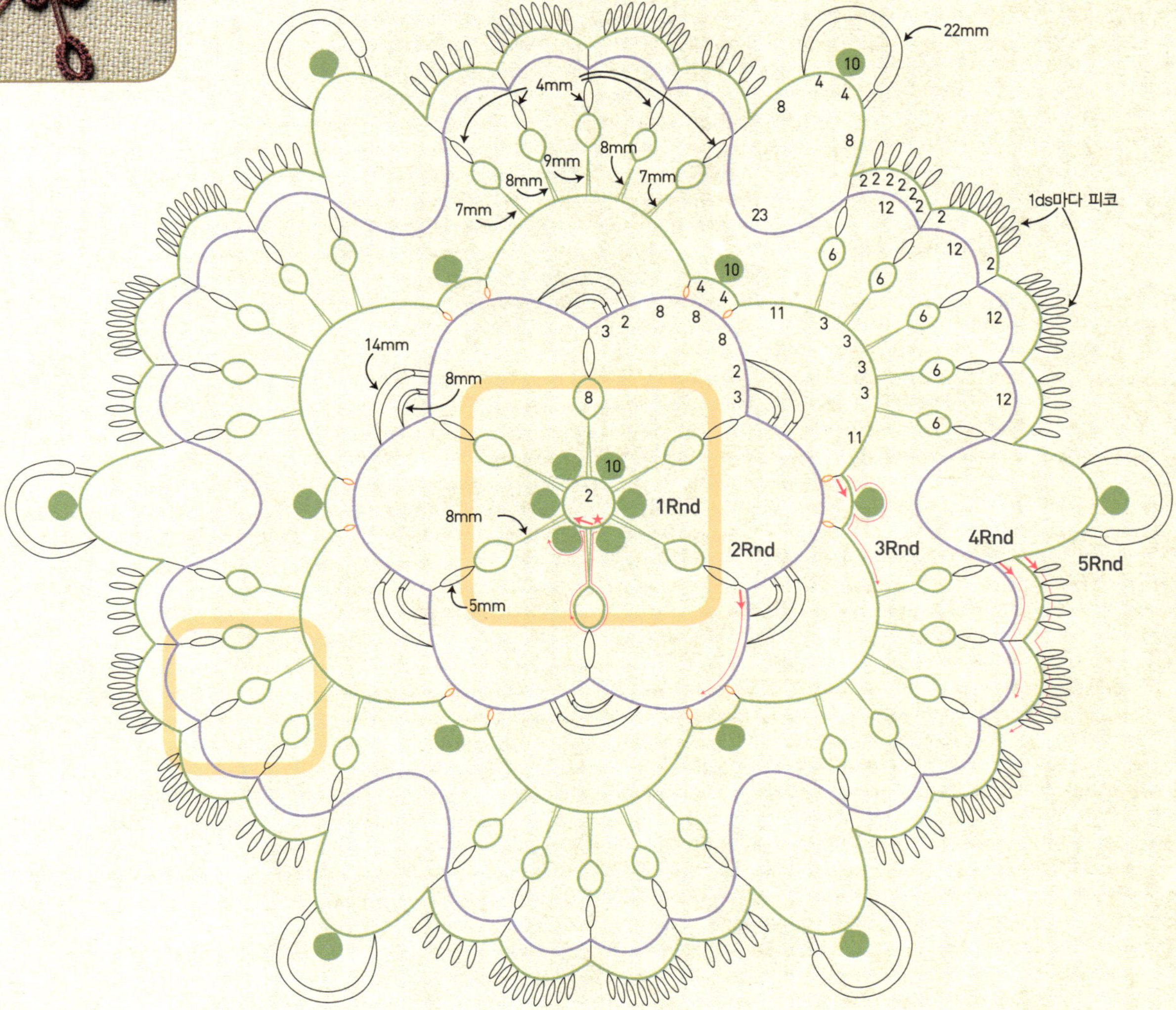

14mm

22mm

1ds마다 피코

1Rnd

2Rnd

3Rnd

4Rnd

5Rnd

8mm

9mm

7mm

8mm

8mm

7mm

4mm

5mm

8mm

10

8

4 4

8

23

2 2 2 2 2

12

12

6

6

6

6

6

12

11

3

3

3

3

3

11

10

4 4

8

8

3 2

2

3

8

2

10

라임소다

Lime Soda

상큼하게 톡톡 쏘는 라임소다 한 잔이 생각나는 도일리!
한 장의 도일리 안에 라임 꽃과 열매가 모두 들어있답니다.
풀세트로 만들어 식탁을 장식하면 산뜻한 분위기를 연출할 수 있어요.

How to make → p.86

스프링 트리
Spring Tree

How to make ›› p.92

싱그런 봄나무 한 그루.
거칠게 수놓은 나무 기둥 위에 아플리케하면 봄기운이 느껴지는 식탁매트를 만들 수 있어요.
봄을 연상하게 하는 고운 빛깔의 실로 만들면 더욱 예뻡니다.

고백
Proposal at Tiffany

티파니의 다이아몬드 반지를 닮은 모티브.
테이블 위를 다이아몬드로 수놓아보세요.

How to make ›› p.94

 라임소다
Lime Soda

사용 실 리즈베스 40수
실 색깔 161, 601, 614, 689
크기 라임 열매 4cm / 라임 플라워 5cm / 라임소다 레귤러 11cm / 라임소다 그랜드 24cm
재료 모두 셔틀 2개

⟨ How to make ⟩

1 단을 끊지 않고 한번에 진행하는 one round 도안이다. 진행방향을 잘 보고 만들도록 한다.

2 피코 길이에 유의해서 만든다. 락조인에 쓰이는 피코는 0.5mm이하로 매우 작게 만들어준다.

3 중앙 부분의 12ds 체인(검은 화살표 표시)은 만들기 전에 슈레이스 트릭을 써주고, 2-7+6-7-2
링을 만든 후 다시 슈레이스트릭을 써주면 체인의 색을 같은 색으로 만들 수 있다.

🌸 슈레이스 트릭 방법은 QR코드를 참조하세요.

86

4 라임소다 그랜드의 ※ 표시 부분은 뜨던 레이스를 리버스워크해서 뒤집어 놓고 실이 꼬이지 않도록
   위치를 잡아 락조인해준다.

5 라임 열매에서 조인에 쓰이는 피코는 1~1.5mm(리즈베스 40수 기준) 길이로 만들어준다.

tip 클루니 리프 방법은 QR코드를 참조하세요.

〔라임소다 레귤러〕

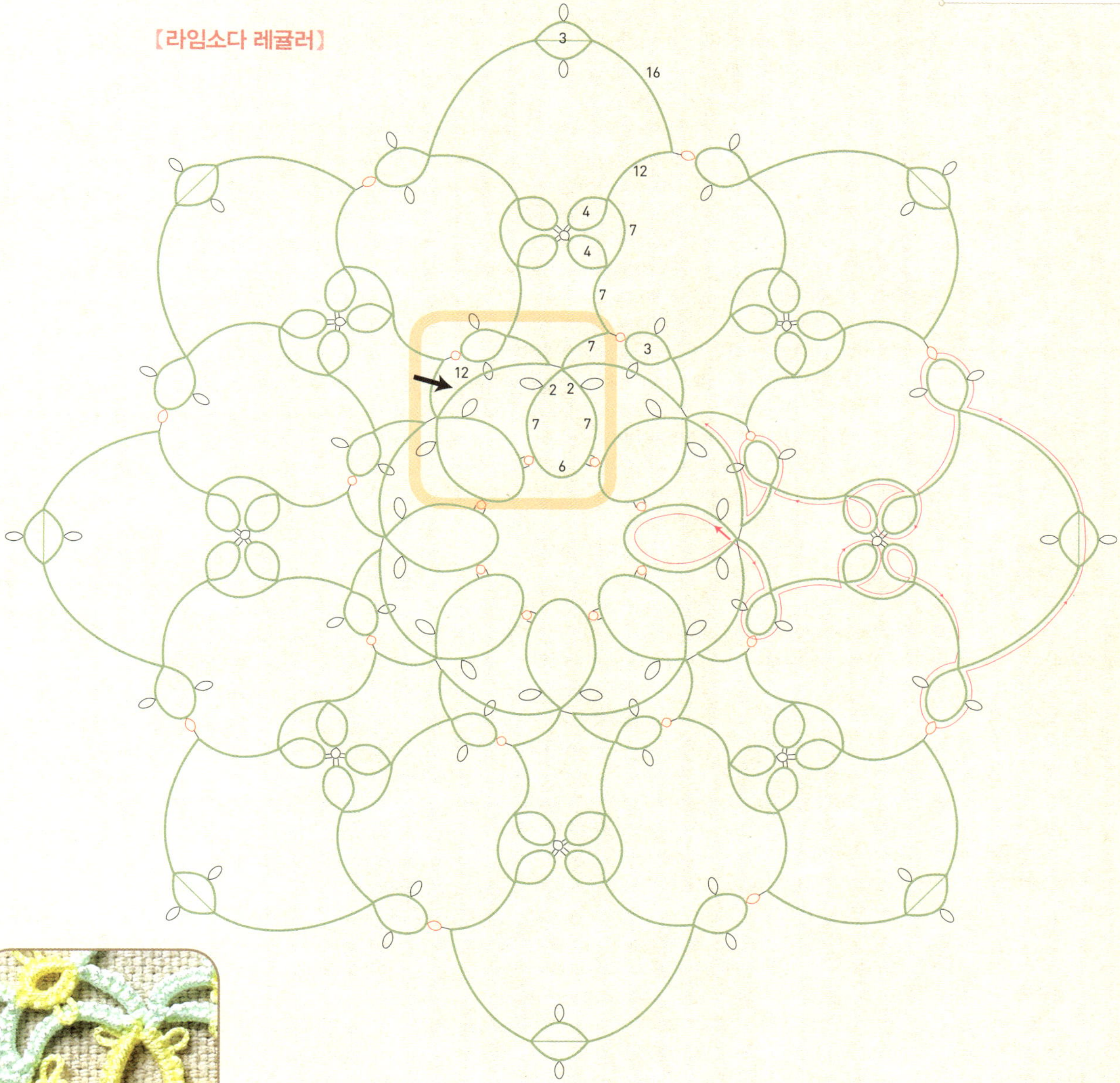

【라임 플라워】

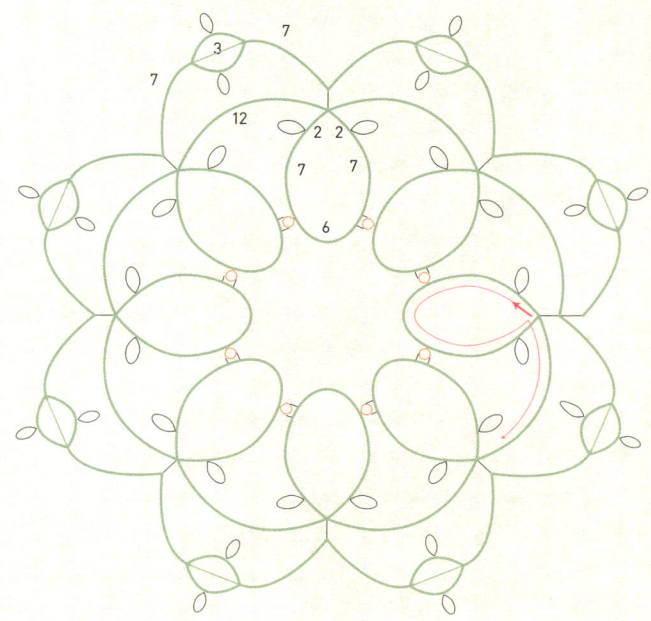

3 7
7
7
12
2 2
7 7
6

【라임 열매】

6
5 5
5
2 2
15

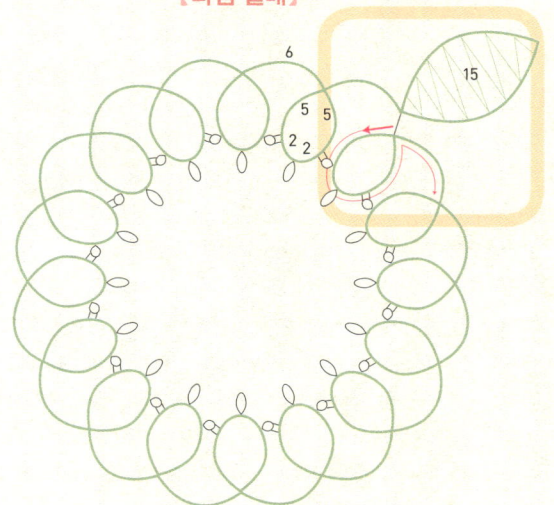

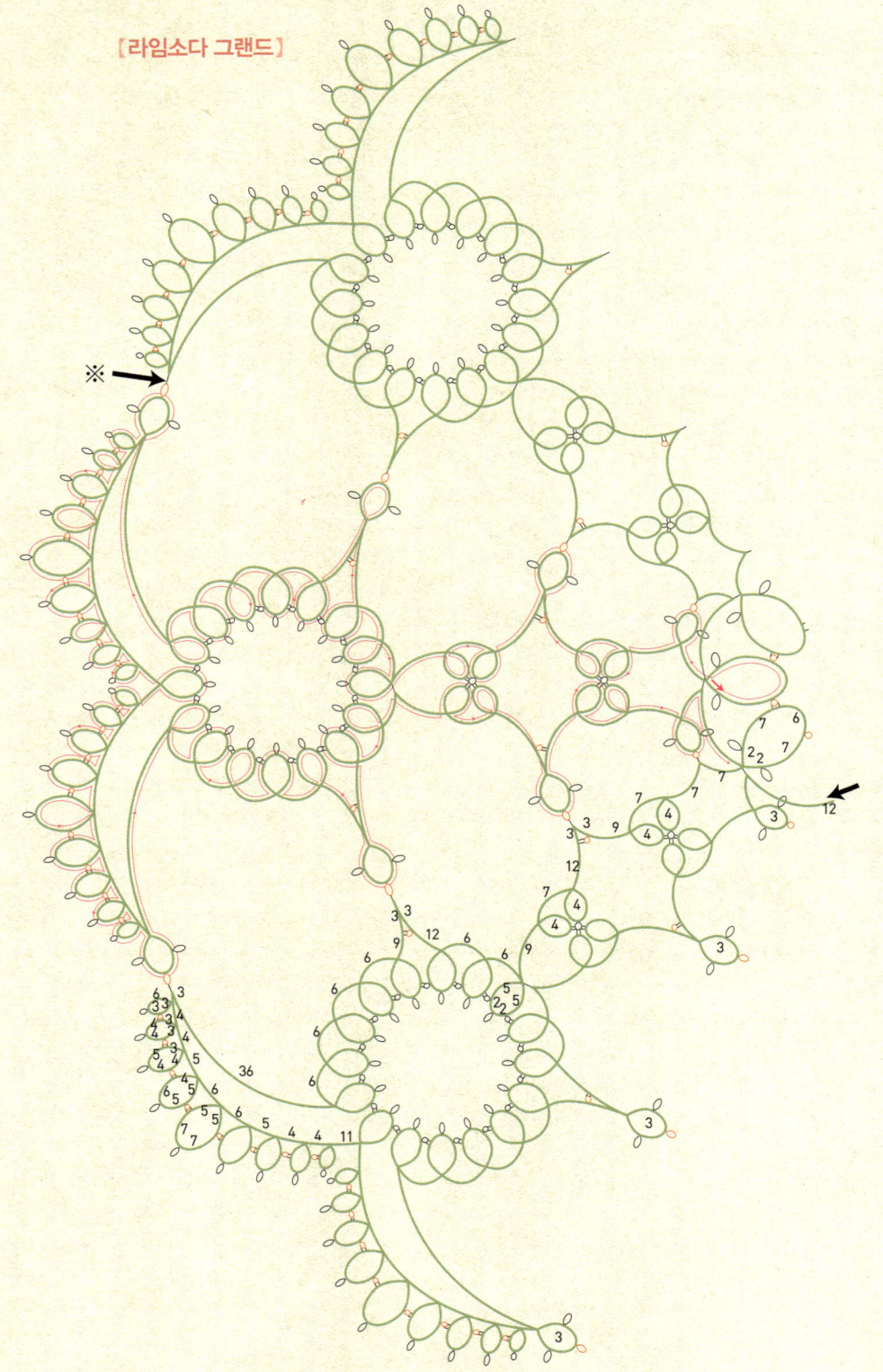

【라임소다 그랜드】

※

 스프링 트리
Spring Tree

★ ★ ☆

◦ Ready ◦

사용 실 리즈베스 40수
실 색깔 161, 614
크기 8.6cm
재료 모든 라운드 셔틀 2개

◦ How to make ◦

1 1라운드는 단을 나눠 배색을 다르게 만들어도 된다.

2 조세핀 넛을 균일한 크기로 만들어야 깔끔하다.

　　🅣 SCMR 방법은 QR코드를 참조하세요.

고백
Proposal at Tiffany

★ ★ ☆

Ready

사용 실 피마룩스35's
실 색깔 01 화이트, 17 라이트 스카이블루
크기 모티브 하나 A 5×7.5cm / B 11×16
재료 A B 엣징 모두 셔틀 2개

How to make

1 피코 길이에 유의해서 만든다. 조인에 쓰이는 모든 피코를 매우 작게 만들어준다.

2 모티브를 잇는 순서와 색상 배치는 자유롭게 한다.

   SCMR 방법은 QR코드를 참조하세요

94

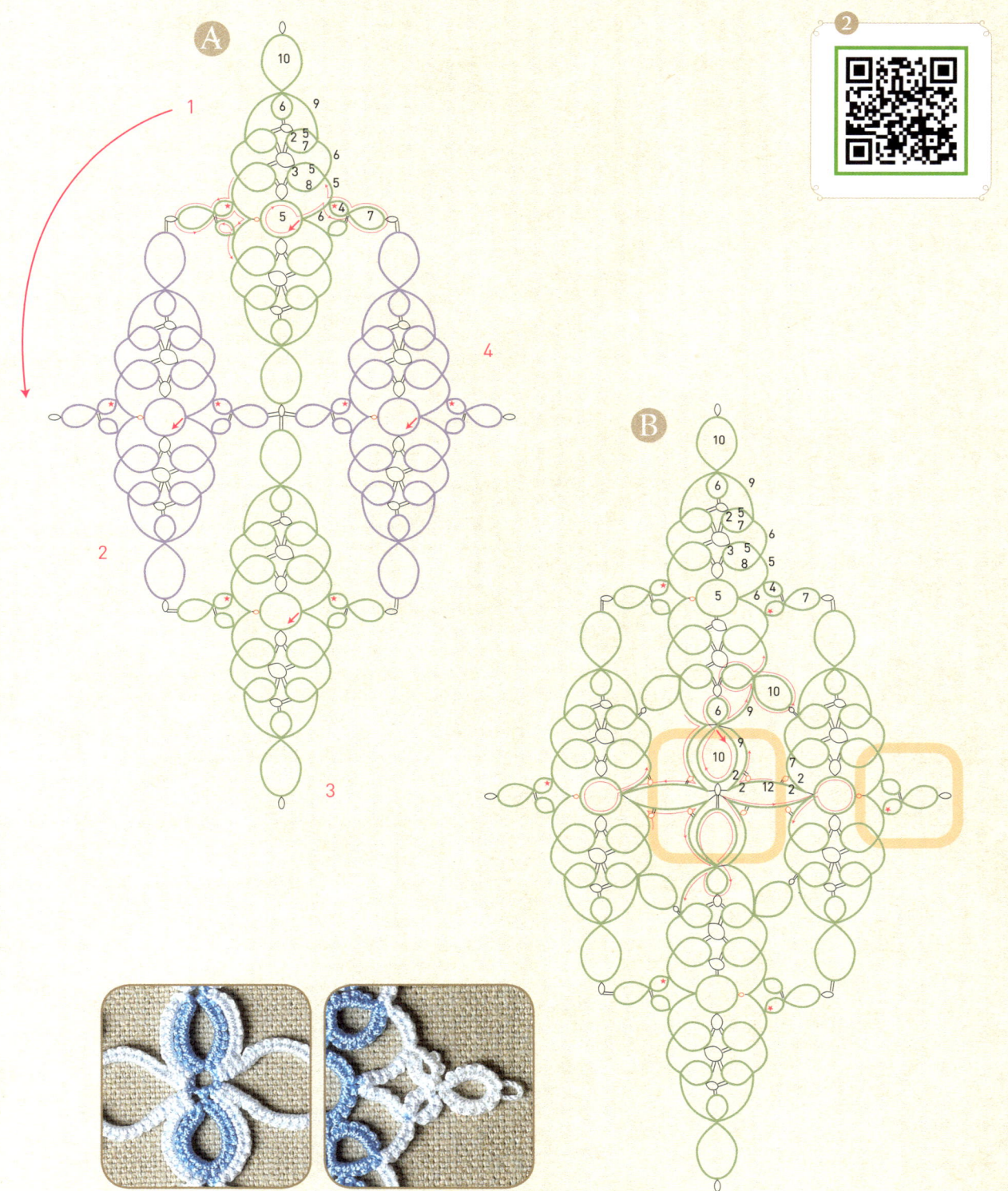

심플리즘
Simplism

How to make ›› p.104

간결하고 깔끔한 멋을 살린 작품입니다.
피코가 없고 링이 적어서 크기에 비해 빨리 뜰 수 있어요.
멋지게 완성해서 집안 이곳저곳을 유용하게 장식해보세요.

How to make ›› p.108

큐트 크리스마스 리스
Cute Christmas wreath

깜찍한 크리스마스 리스!
비즈를 끼워 만들어주면 더욱
화려한 분위기를 낼 수 있습니다.
크리스마스가 다가올 때 하나씩 만들어
창문과 벽을 장식해보세요.

그레이스 크리스
Grace Chrys

크리스라는 이름은 chrysanthemum라는 단어에서 따왔어요.
작품의 모티브가 국화거든요. 원래 이름은 그레이스 켈리였으나 뒤늦게
모나코 왕비 그레이스 켈리가 생각나 그레이스 크리스로 바꾸었습니다.
'켈리'라는 말의 어감이 작품과 더 어울렸는데 아쉬워요.

How to make ›› p.110

심플리즘
Simplism

Ready

사용 실 리즈베스 20수
실 색깔 404, 601, 615, 703
크기 56cm
재료 셔틀 1개 + 볼실 1개 – 3, 7~10, 14~21 / 셔틀 2개 – 1, 2, 4~6, 11~13

How to make

1 12, 13라운드는 습관에 따라 13라운드를 먼저 만드는 쪽이 더 편할 수도 있다.

2 켈틱 체인에 유의해서 만들도록 한다. 켈틱 체인은 아랫단을 먼저 만들어둔 후 윗단을 만들 때
　 셔틀을 체인에 통과시켜 만들면 된다. 20수일 경우 일반 셔틀로 가능하다.

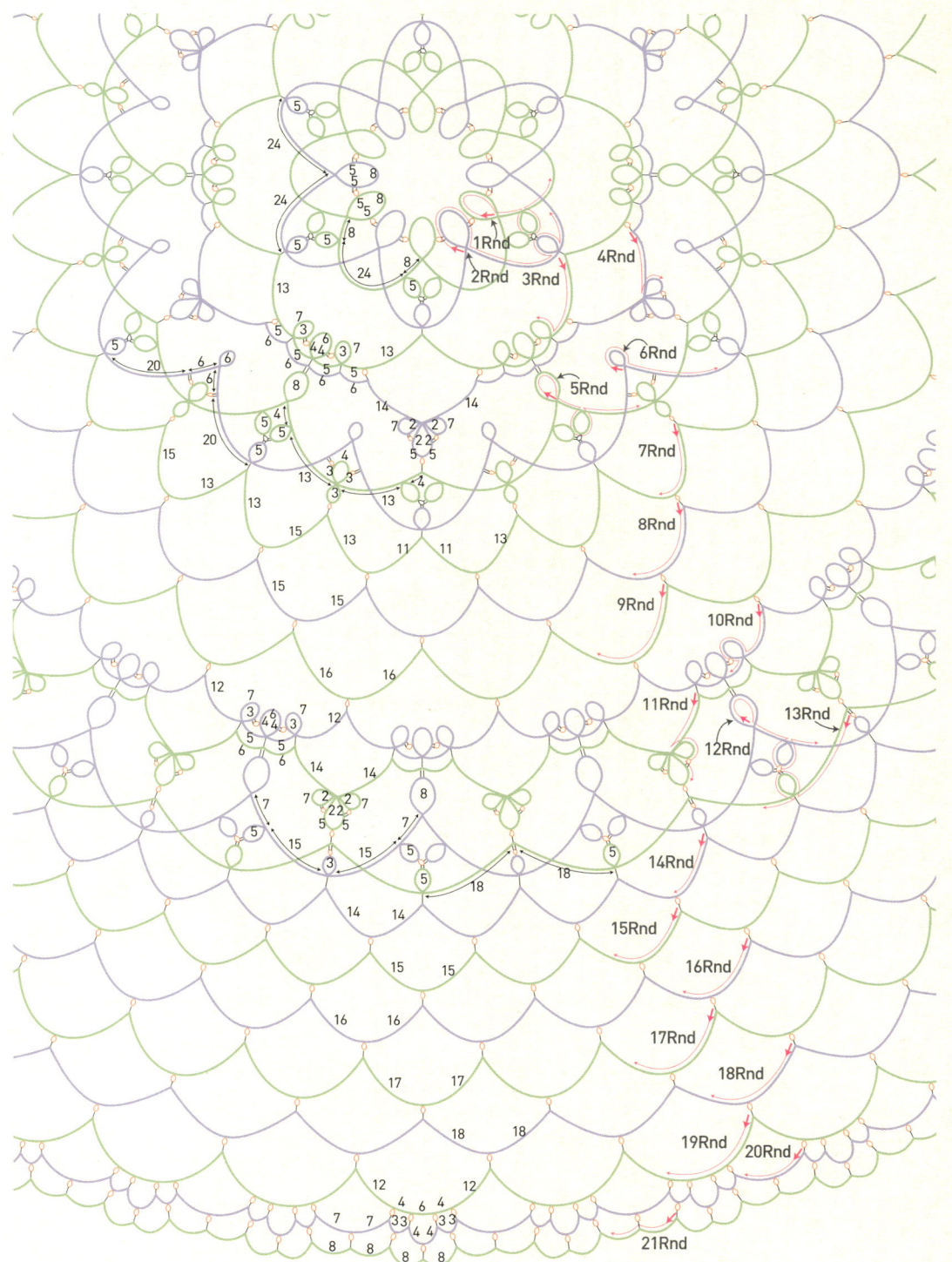

1Rnd
2Rnd
3Rnd
4Rnd
5Rnd
6Rnd
7Rnd
8Rnd
9Rnd
10Rnd
11Rnd
12Rnd
13Rnd
14Rnd
15Rnd
16Rnd
17Rnd
18Rnd
19Rnd
20Rnd
21Rnd

큐트 크리스마스 리스
Cute Christmas wreath

Ready

사용 실 리즈베스 40수
실 색깔 181, 178, 136, 638
크기 10.5cm
재료 셔틀 1개

How to make

1 멀티플 피코 조인 순서에 유의해서 작업하도록 한다.

더블피코[a], 멀티플 피코 만드는 방법[b]과 실 남기는 법[c], 멀티플 피코 폴디드 조인하는 방법[d]은 QR코드를 참조하세요.

2 피코 게이지는 적힌 수치를 높이로 해서 만든다.

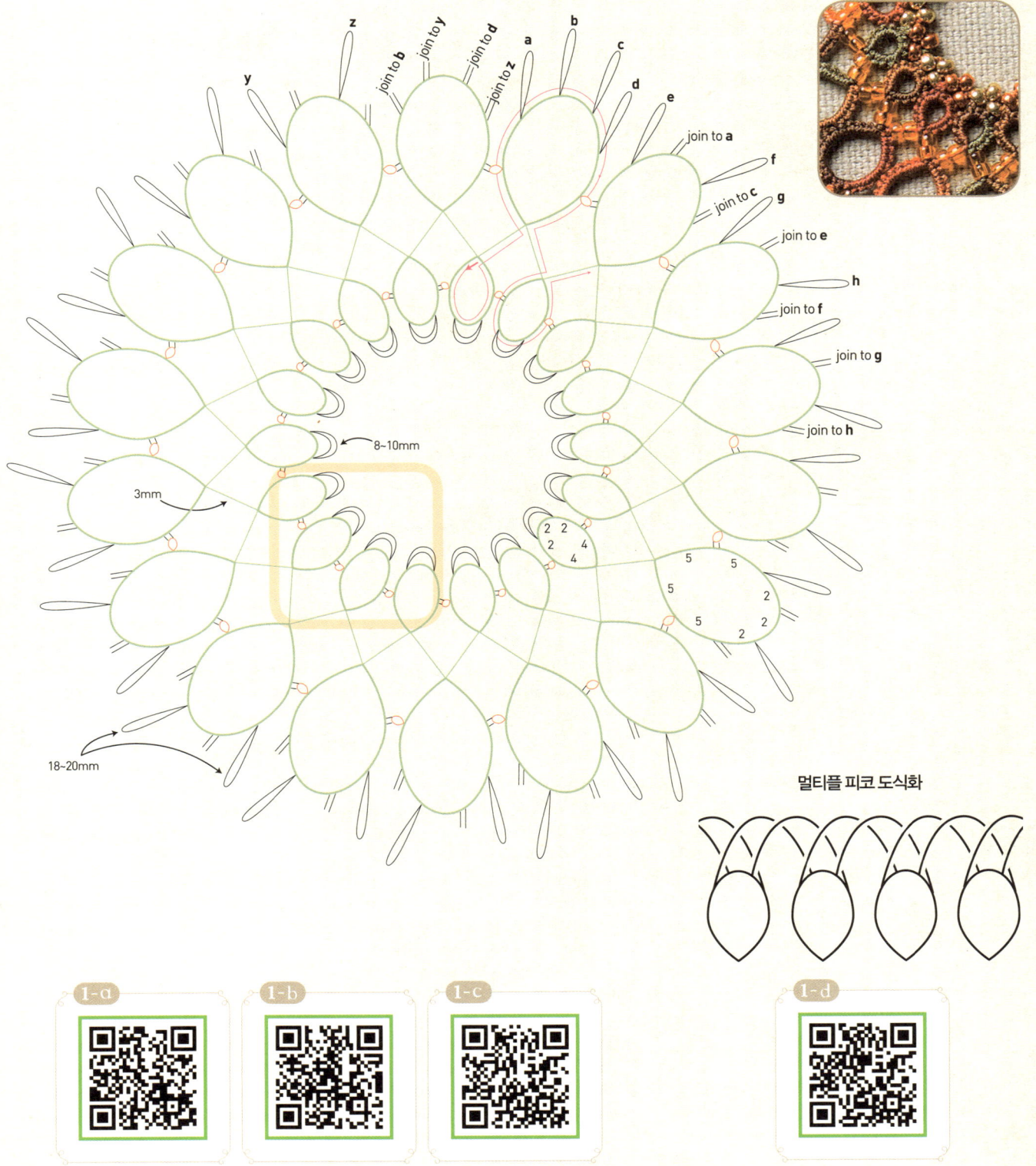

z
y
join to b
join to y
join to d
join to z
a
b
c
d
e
join to a
f
join to c
g
join to e
h
join to f
join to g
join to h

8~10mm
3mm
2 2
2 4
4
5 5
5
2
5 2
2
18~20mm

멀티플 피코 도식화

 그레이스 크리스
Grace Chrys

Ready

사용 실 리즈베스 40수
실 색깔 138, 180, 602, 612
크기 13cm
재료 1라운드 셔틀 1개 / 2, 4~6라운드 셔틀 2개 / 3라운드 셔틀 1개 + 볼실 1개

How to make

1 멀티플 피코는 블로킹할 때 모양을 정갈히 잡아준다.

   TIP 스플릿 링 조인[a], 멀티플 피코[b], 클루니리프 방법[c]은 QR코드를 참조하세요.

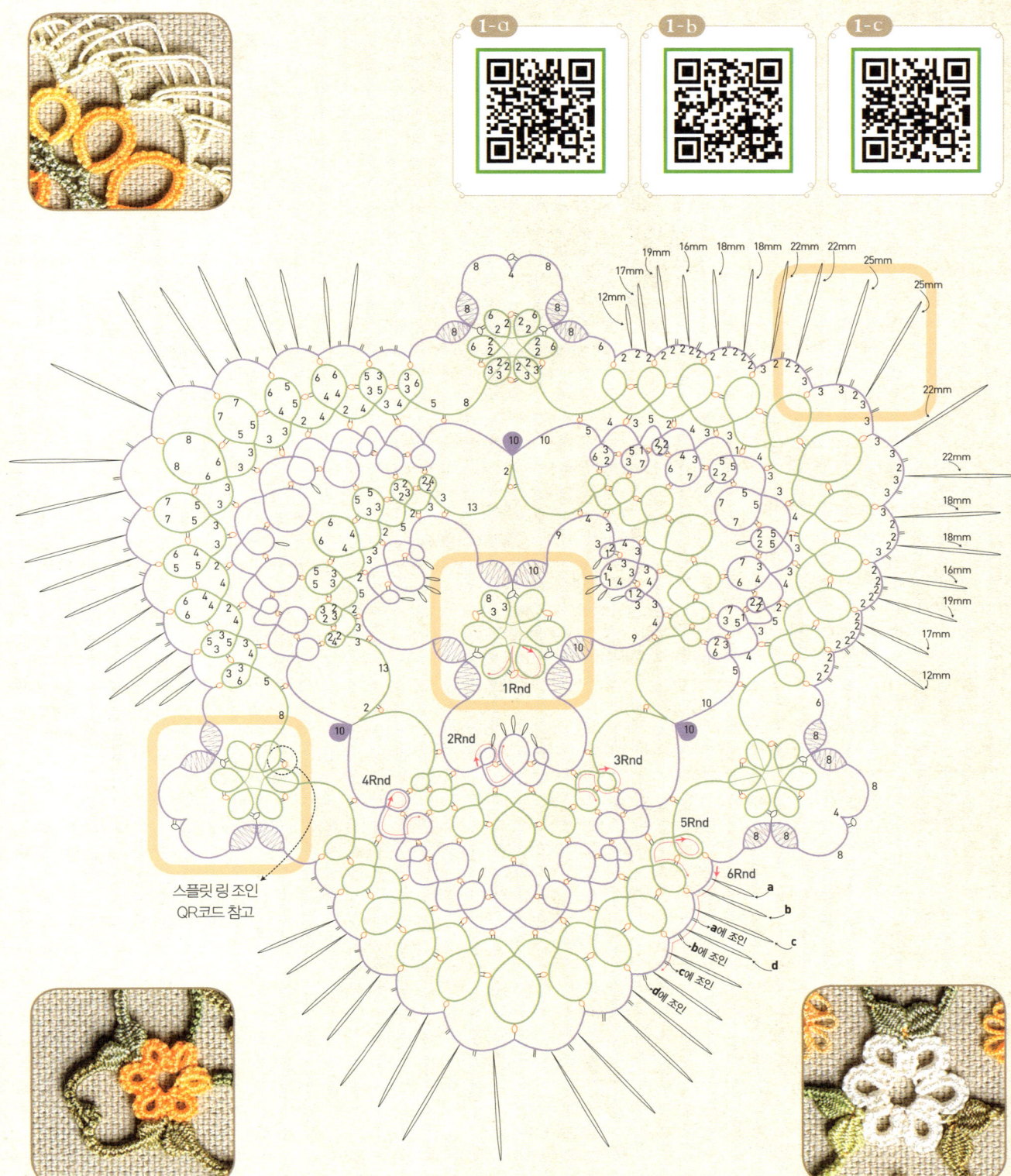

1-a
1-b
1-c

12mm 17mm 19mm 16mm 18mm 18mm 22mm 22mm 25mm
25mm
22mm
22mm
18mm
18mm
16mm
19mm
17mm
12mm

1Rnd
2Rnd
3Rnd
4Rnd
5Rnd
6Rnd

a
b
a에 조인 c
b에 조인 d
c에 조인
d에 조인

스플릿 링 조인
QR코드 참고

레이디 올리브그린
Lady Olive green

정숙한 여인을 떠올리며 만든
올리브 그린 부인과 그녀의 사랑스런 딸 주니어 그린.
명랑소녀 아멜리와 풋풋한 처녀 로잘린,
성숙미가 느껴지는 마가렛,
그리고 올리브 그린과 주니어 그린까지,
이 책에 담긴 여인의 모습 시리즈입니다.

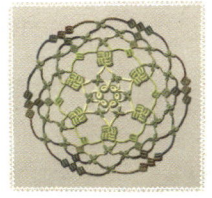

How to make ›› p.118

연희랑

Lotus lady, Rang

How to make ›› p.120

물결처럼 밀려오는 연꽃 아가씨 '랑'의 유혹.

그 아름다움에 현혹되는 순간 여러분은 롱피코의 가시밭길에 내던져질 거예요.

하지만 그 끝엔 아름다운 연희, 랑이 기다리고 있답니다!

스위트 캔디
Sweet Candy

알록달록 새콤달콤한 캔디처럼 보기만 해도 입안이 상큼해요.
뽀얀 설탕가루 속에 사과맛, 포도맛, 레몬맛 캔디가
알알이 박혀있는 모습을 생각하며 만들었어요.

How to make » p.122

레이디 올리브 그린
Lady Olive green

★ ★ ☆

Ready

사용 실 리즈베스 40수
실 색깔 레이디 올리브 그린 138, 167, 179, 614, 615, 680 / 쥬니어 그린 612, 681, 699
크기 레이디 올리브 그린 17.4cm / 쥬니어 그린 7.7cm
재료 모든 라운드 셔틀 2개

How to make

1 블럭의 방향은 각자 편한 방향으로 만들도록 한다.

🌱 블럭태팅[a]과 클루니 리프 방법[b]은 QR코드를 참조하세요.

[레이디 올리브 그린]

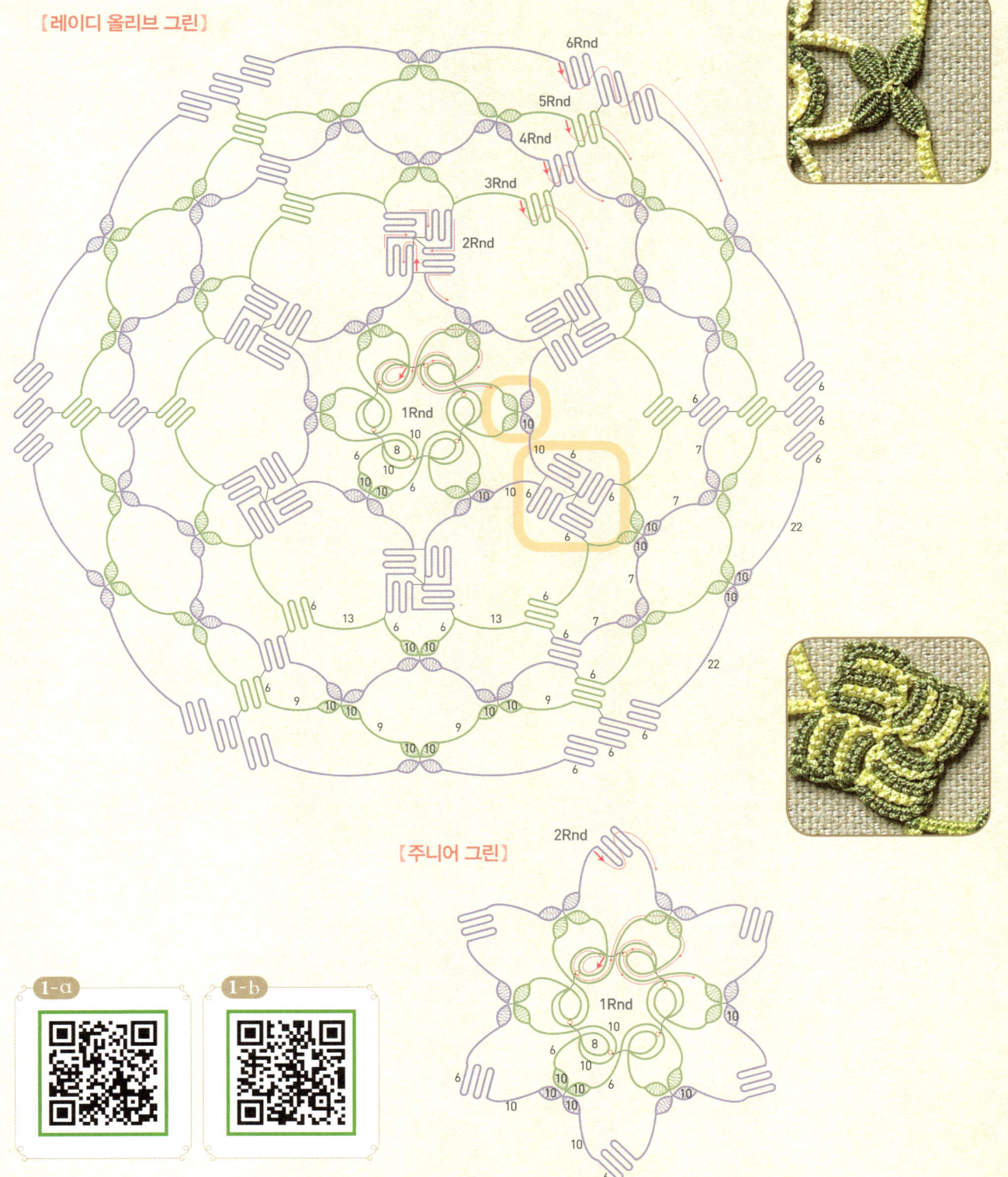

6Rnd
5Rnd
4Rnd
3Rnd
2Rnd
1Rnd
10
8
6
10
10
6
6
10
6
6
10
10
10
10
6
6
7
7
7
7
22
22
6
6
6
6
6
6
6
6
6
6
6
6
10
10
10
10
10
10
10
10
10
10
10
10
13
13
9
9
9
9

[주니어 그린]

2Rnd
1Rnd
10
8
6
6
10
10
10
10
10
10
6
6
6
10
10

1-a

1-b

119

연희랑
Lotus lady. Rang

Ready

사용 실 리즈베스 40수

실 색깔 흰색 601 / 분홍색 620 645 623 621 619 610

크기 14.5cm

재료 1~4라운드 셔틀 1개 + 볼실 1개 / 5라운드 셔틀 2개

How to make

1 1라운드는 두 실을 묶은 후 클립을 끼워 시작한다. 첫땀을 뜰 때 매듭과 첫땀 사이에 1.1cm 롱 피코를 만들어준다. 계속해서 1ds마다 1.0cm, 0.9cm, 1.0cm, 1.1cm 롱피코를 차례대로 만 들어준다. 2.8cm 롱피코를 다섯 개 만들고 도안대로 반복해 만든다.

　1ds마다 롱피코를 다 만들고나면 클립을 뽑고 그 자리에 묶어 마무리한다.

2 비즈를 끼울 땐 피코에 가득차게 끼우지 말고 1~2알 정도 모자라게 끼워주도록 한다.

　⑪ 비즈태팅 방법은 QR코드를 참조하세요

3 블로킹할 때 롱피코의 모양을 잘 잡아가며 블로킹해준다.

6 8 9
6 7 8 14
8 9 5
9

19mm
20mm
28mm
10mm
중앙 9mm
11mm
3
4 5 5
5 5
1ds
1Rnd
5
5
4 4 5
4
2Rnd
3Rnd
4Rnd
5Rnd
20mm
15mm
11mm
12mm
8

 스위트 캔디
Sweet Candy

Ready

사용 실 리즈베스 40수
실 색깔 610, 614, 630, 689
크기 8.7×8.7cm
재료 모든 라운드 셔틀 2개

How to make

1 켈틱 체인에 유의하면서 만든다. 1라운드를 먼저 만든 후 2라운드를 만들고, 3라운드를 만들
   때 1 & 2 라운드를 꼬아가며 조인해준다.
   💡 양파링 만드는 법[a], 4 & 5 라운드 올리는 방법[b]은 QR코드를 참조하세요.

2 3라운드의 딤플드 링은 링을 다 만든 후 체인쪽 실로 1라운드 양파링에 락조인해준다.
   💡 딤플드 링 만드는 방법은 QR코드를 참조하세요.

———— ← 피코조인 혹은 락조인하는 부분

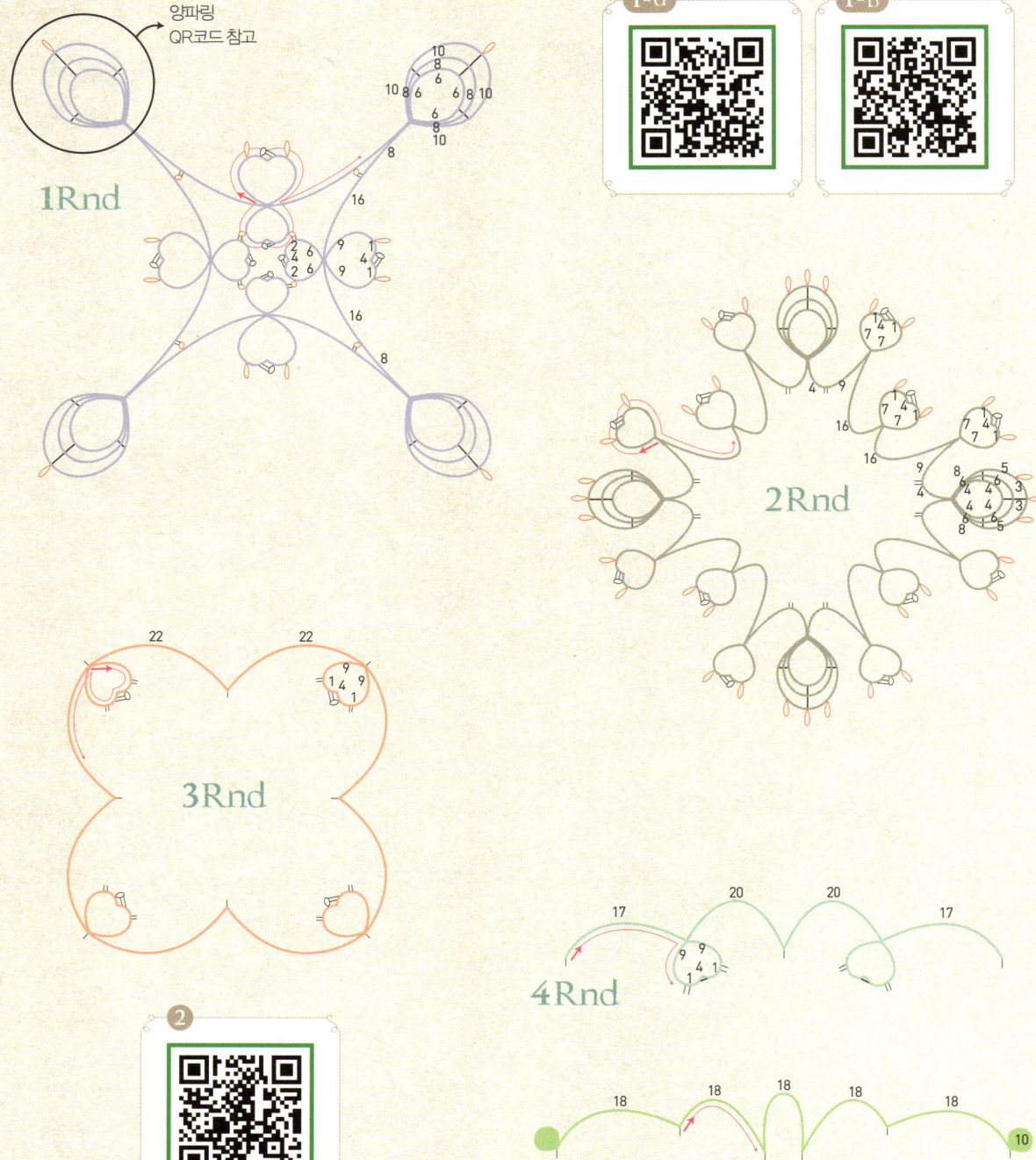

양파링
QR코드 참고

1Rnd

1-a 1-b

2Rnd

3Rnd

2

4Rnd

5Rnd

마가렛
Margaret

성숙하면서도 농염한 분위기를 풍기는
아가씨를 상상하며 만든 마가렛.
배색을 잘못하면 자칫 산만한 아가씨가
될 수 있으니 주의하세요.
톤이 비슷한 색의 실을 골라 만들면 예뻐요.

How to make ›› p.134

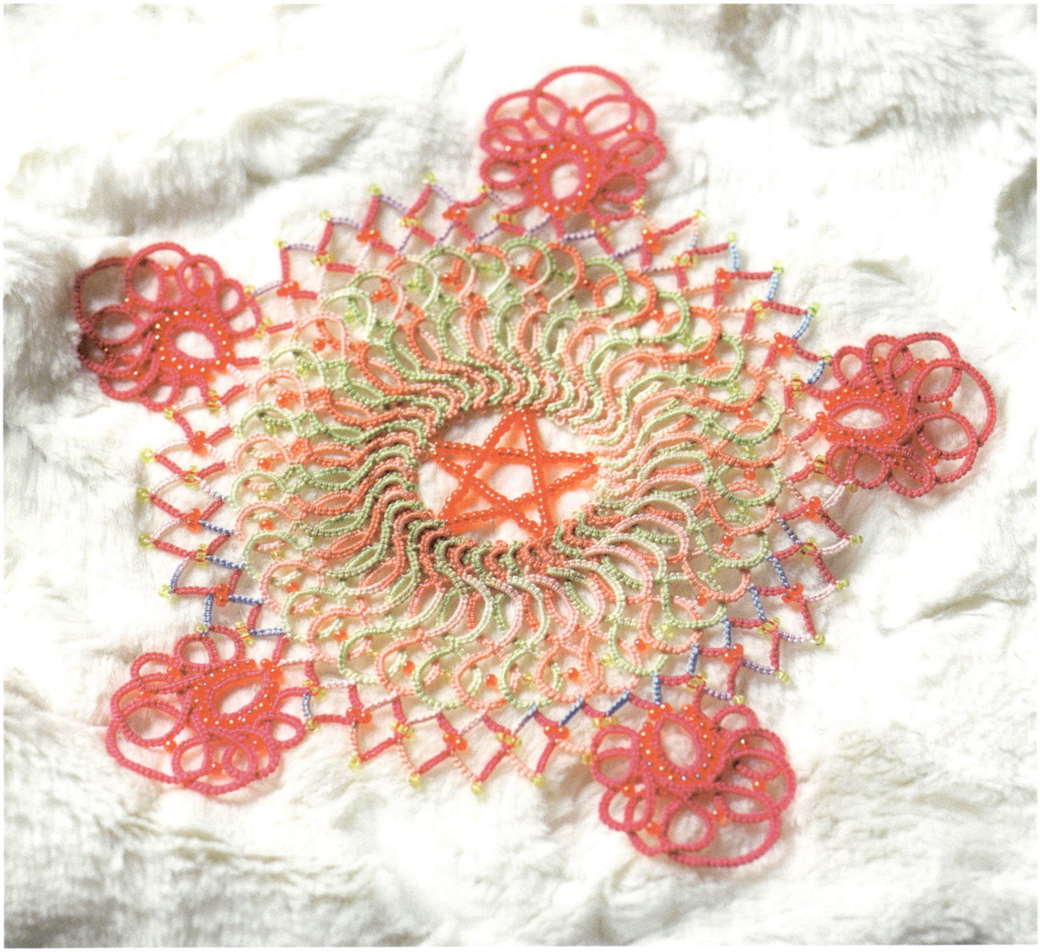

How to make » p.136

라이징 스타
Rising Star

소용돌이 치는 체인과 링의 틈바구니에서 정신을 잃지 않도록 조심하세요!
켈틱과 롱체인의 향연인 라이징 스타입니다.
이 도안을 완성하고 나면 어지간한 켈틱과 롱체인은 쉽게 할 수 있을 거예요.
켈틱 태팅의 지표가 되길 바라는 마음에서 라이징 스타라고 이름 지었답니다.

봄의 여신
Flora

봄이 내려앉은 듯 아름답게 빛나는 화관.
아주 쉬운 기법으로 어렵지 않게 만들 수 있는 작품입니다.
딸아이의 머리에 곱게 씌워주면 그야말로 여신강림!

How to make ›› p.138

마가렛
Margaret

Ready

사용 실 리즈베스 40수
실 색깔 626, 640
크기 17cm
재료 셔틀 2개

How to make

1 원라운드 도안이다. 진행순서를 잘 보고 만들도록 한다.

2 켈틱 체인을 같은 방향으로 잘 꼬아주도록 한다. 일반적인 크기의 크로바 셔틀로 작업이 가능하다.

3 도입부에서 13ds 체인을 만든 후 만들게 되는 8-8링은 블로킹을 할 때 체인 안쪽으로 넣어서 모양을 잡아준다.

 라이징 스타
Rising Star

 ★ ★ ★

⟨ Ready ⟩

사용 실 리즈베스 40수　　**실 색깔** 111, 171, 620　　**크기** 16cm　　**재료** 셔틀 2개

⟨ How to make ⟩

1　켈틱 방향에 유의하며 만든다. 1라운드는 처음 링 2개까지는 피코만 만든 후 3번째 링부터 조
　　인해준다. 이때 바로 앞에 만든 링에 조인하는 것이 아니라 그 앞에 앞에 만든 링에 조인해준
　　다. 조인할 때 완성작품의 사진을 참고해서 링이 한쪽 방향으로 포개어지도록 만든다.
　　🔵 1라운드 마지막 조인 방법은 QR코드를 참조하세요.

2　2와 3 라운드의 지그재그 체인은 원하는 방향으로 만들도록 한다. 왼손에 걸어주는 실에 미리
　　비즈를 끼우고 시작한다. 2라운드 지그재그 체인의 외곽 모서리 쪽에 비즈를 2알 끼우고, 3라
　　운드에서 조인할 때 비즈 사이에 조인해준다.

3 2 라운드의 링은 링을 시작하기 전에 비즈 한 알을 꺼내온 후 비즈에 바짝 붙여 만든다. 피코마다 비즈를 두 알씩 끼우고 링을 닫은 후, 비즈를 한 알 꺼내와 링에 바짝 붙여두고 다음 체인을 만든다. 3 라운드에서 조인할 때 비즈 사이를 갈라 조인한다.

4 가운데 비즈 별은 태팅레이스를 다 뜬 후, 실 한가닥에 필요한 수만큼 비즈를 끼운 후 5각 모양을 잡아 한 변씩 락조인해주면 된다. 한쪽 피코에 실을 묶은 후 비즈 17개를 남기고 다른 피코에 락조인해준다. 다시 비즈를 17개 남기고 또 다른 피코에 락조인해서 별을 만든다. 비즈 개수는 실 굵기나 비즈의 크기, 각자 더블스티치 크기에 따라 다르다.

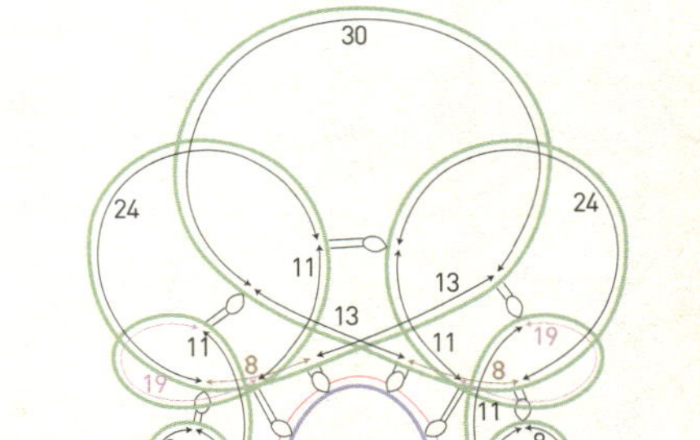

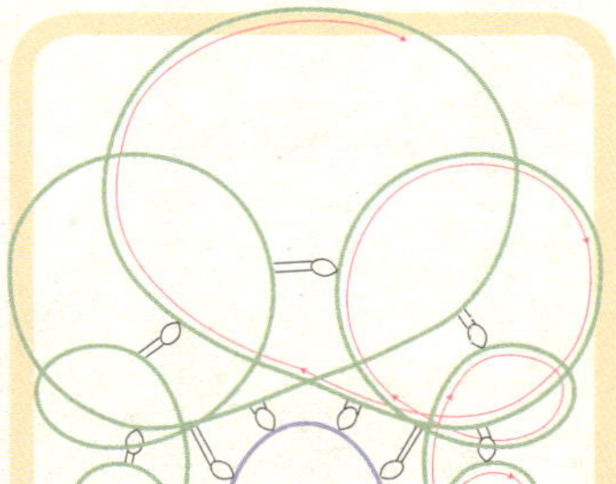

화살표 피코에 조인

137

봄의 여신
Flora

Ready

사용 실 리즈베스 40수
실 색깔 610, 614, 138
크기 free size
재료 셔틀 1개 + 볼실 1개 + 장식용 리본

How to make

1 양쪽 끝 중 한쪽의 링을 먼저 떠준다. 조세핀 체인을 뜨고 3~8cm 간격으로 불규칙하게 중간
중간 링을 떠준다. 종종 링을 2개씩 떠주기도 한다.
링을 연속해서 2개 뜬 후 리버스워크해 조세핀 체인을 뜨면 된다.
🔵 조세핀 체인 뜨는 법은 QR코드를 참조하세요.

2 전체 길이가 50~100cm 정도 되도록 뜨고, 총 2~4가닥 정도 떠준다. 길이가 길고 가닥의 개수가 많을
  수록 화관이 풍성해진다.

3 떠준 체인을 한데 모아서 머리 크기에 맞춰 둥글게 말아주고, 집게나 빵끈으로 임시 고정한다. 5mm 폭
  의 얇은 리본으로 체인 다발을 돌려서 감고 임시 고정끈을 풀어준 후 나비 모양 리본을 묶어 장식한다.

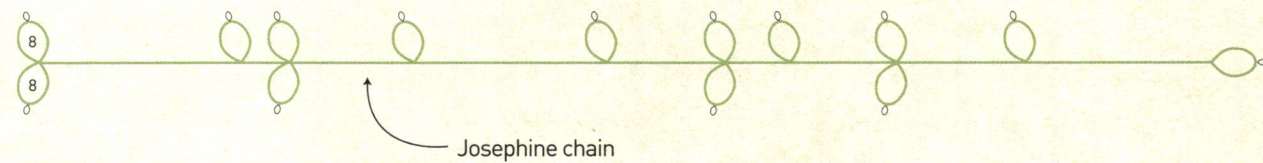

Josephine chain

개정판 1쇄 발행 | 2015년 10월 20일
개정판 3쇄 발행 | 2020년 1월 20일

지은이 | 하미경
발행인 | 정유정

디자인 | 반주연
소품 협찬 | 달의아이 서주혜, 문아틀리에 태팅 쇼핑몰(www.moonatelier.co.kr)
검수 | 하늘이슬 고혜진(태팅레이스강사, blog.naver.com/jini8803)

펴낸곳 | 인사이트윙스
출판등록 | 제2015-000082호
주소 | 서울시 강서구 화곡로68길 103, 102-1405
전화 | 02-6494-0883 · 팩스 | 02-6021-4799

ISBN 978-89-98432-45-4 13590